中小学生
大阅读
DAYUEDU

灰尘的旅行

（名师视频讲解版）

高士其／著

长江出版传媒｜湖北教育出版社

前言

Foreword

在中国人眼中，读书人一直享有很高的地位。阅读使人远离贫乏、平庸，使人博学、睿智，使历史和文明延续，使优秀品德代代传承。阅读是每个人生活中不可或缺的一部分。尤其是经典名著的阅读，对于广大青少年而言，尤为重要。因为经典名著是人类历史长河中的珍珠，历经岁月洗涤，以其卓越的思想性、艺术性，恒久绽放灿烂光华，必对青少年身心成长大有裨益。

为了倡导和推动经典名著阅读，我们组织研发了这套“中小学生大阅读（名师视频讲解版）”丛书。那么，这套丛书有何与众不同和过人之处呢？

其一，我们为青少年朋友量体裁衣，精挑细选，对从小学到高中全学段的经典名著阅读实现了全覆盖。这套丛书，包罗中国国学珍宝、中国传世经典、中国现当代名家名作、世界文学名著，等等，可谓古今中外，皆浓缩于尺牍；千山万水，尽了然于卷帙。

其二，这套丛书构架了全新的阅读体系，全程名师指导伴读，并搭配视频讲解，以学生喜闻乐见的形式解说名著经典，帮助学生提升阅读理解、写作技巧、表达交流等多方面的必备能力。

其三，这套丛书根据不同学段学生的心理特点、审美特点和阅读习惯，设置各具特色的板块和栏目，做到文字与插图兼美、知识与趣味并重。

青少年朋友们，我们无法丈量生命的长度，但可以拓展生命的宽度，而阅读一本让人受益的好书，无疑是一次生命的拓展……歌德曾说：读一本好书，就是与许多高尚的人谈话。因此，阅读经典，就是与智者同行，与先贤论道。手捧这套丛书，我们可穿梭时空，遨游天下，领略极致风景，沐浴智者思想的惠泽，期盼美好的未来，成就更好的自己。

金波

中小学生大阅读

DAYUEDU

1 名师带你读

为学生导读文章的内容，引起学生的阅读兴趣，让学生带着问题去阅读。

2 名师批注

欣赏优美句段，体会深层情感，名师引领你亲近真、善、美。

中小学生大阅读

民主的纤毛细胞

名师带你读

这一天，所有的细胞齐聚“我”的大脑召开紧急会议，原来是因为“我”要写一篇关于细菌的文章。经过讨论，细菌们代表“我”决定最终去哪里探访，那采访的结果是什么？

名师批注

用旁观者的视角介绍了纤毛细胞的外貌特点和运动方式。

他们走进城里，看见那些细胞民众都在舞动着他们的纤毛，有的在走路，有的在吸取食物，有的在呼吸新鲜的空气。

他们看见那些纤毛摇动的形式各有不同，有的是钩来钩去的，有的是摇摇摆摆的，有的像大海中的波浪，有的像漏斗，但是纤毛细胞们的劳动都是许多纤毛集合在一起劳动的，是有统一运动方向的。

当时，纤毛细胞们的发言人对我大脑细胞代表团说：

“我们这一群纤毛细胞，世世代代都是住宿在这样的水面，有时也曾到其他动物身上去旅行，你们人类的大小肠就是我们富丽堂皇的旅馆，而我们的国家则是这水界天下。

“当我们出外游行的时候，我们常看到许多动物体内都有着和我们一模一样的纤毛细胞。

“你瞧，在你们人类的身体上，就有许多地方生长着和

3 精美图画

富有童趣的插图，勾起学生主动阅读的兴趣，提升学生的审美情趣。

灰尘的旅行

砾绊住我的鞭毛，牵着我的荚膜不放行。这一条是水国里最难通行的险路，有时我还冒着险前冲，但都半途落荒了。

水，什么水？是海水。这是又咸又苦著名的盐水。咸鱼、咸肉、咸蛋、咸菜，凡是咸过了七分的东西，我就有些不肯吃，最适合我胃口的咸度，莫如血、泪、汗、尿，那些人身上的水流，如今这海水是纯盐的苦水，我又怎样愿意喝呢？

不过，海底还是我的第一故乡，那儿有我的亲戚故旧，

知识链接

荚膜：指某些细菌在细胞壁外包围的一层黏液性物质，一般由糖和多肽组成。这是细菌的一种特殊结构。

名师点拨

科学家们为了更加深入了解菌儿，把它从舒适的培养皿中转移到了酒精灯上，一过火菌儿便不省“菌”事了，这份痛苦也勾起了它遥远的回忆：原来火就是这神通广大的细菌的克星。菌儿还向我们介绍了带它四处游荡的得力助手——苍蝇，以及它是如何同科学家们斗智斗勇，最终被无情的火和科学实验制服的故事。

好词佳句

☆ 不知不觉　茹毛饮血　大吹大擂　叫苦连天　不约而同

☆ 这一滴水就似是我的大游泳池，一刹那，那池水已自干了。

☆ 我幸而没有被烧死，逃过了这火关，就痛快地大吃了一顿，把这一瓶清清的羊肉汤搅浑得不成样子了，仿佛是水中的乱云飞絮似的上下浮沉。

趣味思考

胡子科学先生是如何制服菌儿的？

4 知识链接

延伸、拓展课外知识，帮助学生轻松阅读，灵活掌握。

5 名师点拨

一线名师分析文章内容及写作手法，让学生快速掌握重点内容，提高阅读理解能力。

6 好词佳句

精妙好词细心挑选，佳句好段一一登场，逐个学习借鉴精华，快速提高写作功力。

7 趣味思考

根据内容提出探索性问题，“读”与“思”相结合，激发学生的思考力。

阅读早知道

本书概要

本书选取高士其关于细菌的童话和科普小品结集而成，作品内容生动活泼，语言通俗易懂。作者用妙趣横生的比喻形象再现了一个奇幻、神秘的科学世界，通过描写细菌的衣食住行、生活习性、生活方式，以及细菌对人类的益处与坏处，让读者对细菌形成全面认识。这些文章融科学、文学与政论于一体，夹叙夹议，深入浅出，同时采用了拟人、排比、比喻等多种艺术修辞手法，语言工整，气势恢宏，读起来朗朗上口，是青少年走进科学世界的优秀入门读物。

作者介绍

高士其（1905—1988），中国著名科学家、科普作家和社会活动家，中国科普事业的先驱和奠基人。

高士其 1925 年毕业于清华大学，1927 年获美国芝加哥大学化学学士学位，次年在该校医学研究院攻读医学博士，1930 年毕业。在读博期间，一次实验时，装着甲型脑炎病毒的瓶子意外碎裂，他不幸感染，留下严重后遗症，最后全身瘫痪。

1931 年，高士其拖着残病之躯回国。1935 年，他写下了第一篇科学小品《细菌的衣食住行》，此后，他不断创作，写下了大量的科学童话、科学小品、科学诗歌。

抗战时期，他仍然用他的作品传播知识，针砭时弊，推动社会进步。他是最早预见和提及细菌战、毒气战的中国科学家、作家之一，也在作品中提出了应对方法。他是当时文化抗战领域中唯一的科普作家。

新中国成立后，他仍然致力于科普事业，历任全国第一、二、三、四、五、六届人大代表，中国科协顾问、常委，中国科普创作家协会名誉会长，全国文联委员，中国作家协会理事，中国人民保护儿童全国委员会委员。

背景知识

细菌是一种原始的单细胞生物，它们非常微小，肉眼根本无法看到。直到 1683 年，荷兰人列文虎克利用自己制作的显微镜看到了细菌的真面貌，这也是人类历史上第一次观察到细菌。

细菌虽小，作用却大。它们能把动植物的遗骸和各种排泄物降解成水、二氧化碳等有机物，为植物的生长提供养料，从而有效地促进大自然的物质循环。

细菌对人类的生存同样有着巨大的意义。人类的身体中存在着近千种细菌，这些细菌大多数是对人体有益的，它们能够帮助我们消化食物，抵御病毒的入侵。但是，也有一些细菌会对人类身体造成伤害。所以，多了解一些关于细菌的知识，对于我们更加深入地了解大自然，更好地保护自己和家人的健康，是非常有帮助的。

阅读指导

一、了解作品的主旨

《灰尘的旅行》是中国科普事业的先驱和奠基人、著名科普作家高士其的作品。全书以生动活泼的形式、妙趣横生的比喻、优美热情的语言向人们讲解了细菌的特性和防范细菌入侵、保护身体健康的方法，同时传播了医学科学和公共卫生知识。在这本书中，高士其以其诗人的情怀和极其人性化的笔触彻底揭开了科学的神秘面纱，为读者展现了一个神奇的科学世界，启迪思考。

二、把握作品的艺术特色

本书用拟人化的叙事方式和童话般的语言风格，向青少年讲述了细菌世界的生态。故事生动有趣，语言通俗浅显，讲解深入浅出，让读者更好地感知细菌世界，更深地理解细菌世界。

三、结合名家点评来阅读

本书在文中、文后都有大量的名家点评和赏析，读者可以结合这些评论，再根据自己的理解来阅读，这样有助于更深刻地理解本书的科普知识。

目录
Contents

我的名称

名师带你读

有这么一个家伙，它要是写字蚂蚁也看不到，要是发声苍蝇也听不到，它是谁呢？叫什么名字，又有什么来历呢？让我们一起从它的自述中寻找答案吧！

这一篇文章，是我老老实实的自述，请一位曾直接和我见过几面的人笔记出的。

我自己不会写字，写出来，就是蚂蚁也看不见。

我也不曾说话，就有一点声音，恐怕苍蝇也听不到。

那么，这位笔记的人，怎样接收我心里所要说的话呢？

那是暂时的秘密，恕我不公开吧。

闲话少讲，且说我为什么自称作“菌儿”。

我原想取名为微子，可惜中国的古人，已经用过了这名字，而且我嫌“子”字有点大人气，不如“儿”字谦卑。

自古中国的皇帝，都称为天子。这明明是挟老天爷的声名架子，以号召群众，使小百姓们吓得不敢抬头。古来的圣贤名哲，又都好称为“子”，什么老子、庄子、孔子、孟子……只是“子”字未免太名贵了，太大模大样了，不如“儿”字来得小巧而逼真。

我的身躯，永远是那么幼小。人家由一粒“细胞”出身，能积成几千、几万、几万万。细胞变成一根青草，一把白菜，一株挂满绿叶的大树，或变成一条蚯蚓，一只蜜蜂，一头大狗、大牛，乃至于大象、大鲸，看得见，摸得着。我呢，也是由

知识链接

微子：子姓，名启，商纣王的庶兄。

名师批注

以第一人称拟人化自述，语言生动活泼，与读者更加亲近，旁征博引，底蕴深厚。

一粒细胞出身，虽然分得格外快、格外多，但只恨它们不争气、不团结，所以变来变去，总是一盘散沙似的，孤单单的，一颗一颗，又短又细又寒酸。惭愧惭愧，因此今日自命为“菌儿”。为“儿”的原因，是因为小。

名师批注

考查“菌”字的来历，“很复杂、很渺茫”，以突出“菌儿”的不名经传，为后文的转折作铺垫。

至于“菌”字的来历，实在很复杂、很渺茫。屈原所作《离骚》中，有这么一句：“杂申椒与菌桂兮，岂惟纫夫蕙茝。”这里的“菌”，是指一种香木。这位失意的屈先生，拿它来比喻贤者，以讽刺楚王。我的老祖宗，有没有那样清高，那样香气熏人，也无从查考。

不过，现代科学家都已承认，菌是生物中之一大类。菌族菌种，很多很杂；菌子菌孙，布满地球。你们人类所最熟识者，就是煮菜煮面所用的蘑菇香蕈之类，那些像小纸伞似的东西，黑圆圆的盖，硬短短的柄，实是我们菌族里的大汉。当心呀！勿因味美而忘毒，那大菌，有的很不好惹，会毒死你们贪吃的人呀。

至于我，我是菌族里最小最小，最轻最轻的一种。小得使你们肉眼，看得见灰尘的纷飞，看不见我们也夹在里面飘游。轻得我们好几十万挂在苍蝇脚下，它也不觉着重。真的，

我比苍蝇的眼睛还小1000倍，比顶小一粒灰尘还轻100倍哩。因此，自我的始祖，一直传到现在，在生物界中，混了这几千万年，没有人知道有我。大的生物，都没有看见过我，都不知道我的存在。

不知道也罢，我也乐得过着逍遥的生活，没有人来打扰。天晓得，后来，偏有一位异想天开的人，把我发现了，我的秘密，就渐渐地泄露出来，从此多事了。

这消息一传到众人的耳朵里，大家都惊惶起来，觉得我比黑暗里的影子还可怕。然而始终没有和我对面会见过，仍然是莫名其妙，恐怖中，总带着半疑半信的态度。

“什么‘微生虫’？没有这回事，自己受了风，所以肚子痛了。”

“哪里有什么病虫？这都是心火上冲，所以头上脸上生出疖子疔疮来了。”

“寄生虫就说有，也没有那么凑巧，就爬到人身上来，我看，你的病总是湿气太重的缘故。”

这是我亲耳听见过三位中医，对三位病人所说的话。我在旁暗暗地好笑。

他们的传统观念，病不是风生，就是火起；不是火起，就是水涌上来的，而不知冥冥之中还有我在把持活动。

因为冥冥之中，他们看不见我，所以又疑神疑鬼地叫道：“有鬼，有鬼！有狐精，有妖怪！”

其实，哪里来的这些魔物，他们所指的，就是指我，而我却不是鬼，也不是狐精，也不是妖怪。我是真真正正、活灵活现、明明白白的一种生物，一种最小最小的生物。

既是生物，为什么和人类结下这样深的大仇，天天害人生病，时时暗杀人命呢？

说起来也话长，我真是有冤难申，在这一篇自述里面，当然要分辨个明白，那是后文，暂搁不提。

名师批注

利用中医对某些疾病的看法，说明人们对细菌的陌生。

因为一般人，没有亲见过，关于我的身世，都是出于道听途说，传闻失真，对于我未免胡乱地称呼。

虫，虫，虫——寄生虫、病虫、微生虫，都有一个字不对。我根本就不是动物的分支，当不起“虫”字这尊号。

称我为寄生物、为微生物，好吗？太笼统了。配得起这两个名称的，又不止我这一种。

唤我作病毒吗？太没有生气了。我虽小，仍是有生命的啊。

病菌，对不对？那只是我的罪名，病并不是我的职业，只算是我非常时的行动，真是对不起。

是了，是了，微菌是了，细菌是了。那固然是我的正名，却有点科学绅士气，不合乎大众的口头语，而且还有点西洋气，把姓名都颠倒了。

菌是我的姓。我是菌中的一族，菌是植物中的一类。

“菌”字，口之上有草，口之内有禾，十足地表现出植物中的植物。这是寄生植物的本色。

我是寄生植物中最小的儿子，所以自愿称作菌儿。以后你们如果有机缘和我见面，请不必大惊小怪，从容地和我打一个招呼，叫声菌儿好吧。

名师批注

从科学的角度，详细系统地介绍为何给自己取名“菌儿”，与前文活泼生动的描述形成对比，加深印象。

名师点拨

菌儿以第一人称的自述角度开篇，介绍自己的名字和由来。这不仅勾起读者的阅读兴趣，还展现其活泼生动的形象。它自称菌儿而不是微子，旁征博引的样子令人捧腹。它还为我们介绍菌的来历、族群，以及从前人们对它的误解，像一个孩子似的不遗余力地为自己的姓名、清白申辩。

好词佳句

☆ 渺茫　逍遥　异想天开　莫名其妙　半疑半信　道听途说

☆ 我的身躯，永远是那么幼小。人家由一粒“细胞”出身，能积成几千，几万，几万万。细胞变成一根青草，一把白菜，一株挂满绿叶的大树，或变成一条蚯蚓，一只蜜蜂，一头大狗、大牛，乃至于大象、大鲸，看得见，摸得着。

☆ 屈原所作《离骚》中，有这么一句：“杂申椒与菌桂兮，岂惟纫夫蕙茝。”这里的“菌”，是指一种香木。这位失意的屈先生，拿它来比喻贤者，以讽刺楚王。

☆ 不知道也罢，我也乐得过着逍遥的生活，没有人来打扰。天晓得，后来，偏有一位异想天开的人，把我发现了，我的秘密，就渐渐地泄露出来，从此多事了。

趣味思考

菌儿有什么性格特点？

我的籍贯

名师带你读

菌儿自述完姓名和来历后，紧接着便要介绍自己的籍贯了。它对环境的要求不高而且神通广大，所以喜欢上天入地、到处流窜，终于有一天它被一个叫列文虎克的人发现了……

我们姓菌的这一族，多少总不能和植物脱离关系吧。

植物是有地方性的。这也是为着气候的不齐。热带的树木，移植到寒带去，多活不成。你们一见了芭蕉、椰子，就知道是从南方来的。荔枝、龙眼的籍贯是广东与福建，谁也不能否认。

我菌儿却是地球通，不论是地球上哪一个角落里，只要有一些水汽和“有机物”，我都能生存。

我本是一个流浪者。像西方的吉卜赛民族，流荡成性，到处为家。像东方的游牧部落，逐着水草而搬移。又像犹太人，没有了国家，散居异地谋生，都能各个繁荣起来，世界上大富之家，不多是他们的子孙吗？这些人的籍贯，都很含混。

> 名师批注
>
> 以西方吉卜赛民族、东方游牧部落以及犹太人的显著特点来说明自己的籍贯，使读者既能了解三个民族的特性，又勾起了人们对菌儿“籍贯”的兴趣，为下文进行铺垫。

我又是大地上的清道夫，替大自然清除腐物烂尸，全地球都是我工作的区域。

我随着空气的动荡而上升。有一回，我正在天空 4000 米之上飘游，忽然遇见一位满面都是胡子的科学家，驾着氢气球上来追寻我的踪迹。那时我身轻不能自主，被他收入一只玻璃瓶子里，带到他的实验室里去受罪了。

我又随着雨水的浸润而深入土中。但时时被大水所冲洗，洗到江河湖沼里面去了。那里的水，我真嫌太淡，不够味。往往不能饮得尽兴。

犹幸我还抱着一个很大的希望：希望娘姨大姐、贫苦妇人，把我连水挑上去淘米洗菜，洗碗洗锅；希望农夫工人、劳动大众，把我一口气喝尽了；希望由各种不同的途径，到人类的肚肠里去。

人类的肚肠，是我的天堂，
在那儿，没有干焦冻饿的恐慌，
那儿只有吃不尽的食粮。

名师批注

形象地展示了菌儿生长的各种环境，使读者对它有更广泛的了解。

然而事情往往不如意料的美满，这也只好怪我自己太不识相了，不安分守己，饱暖之后，又肆意捣毁人家肚肠的墙壁，于是乱子就闹大了。那个人的肚子，觉着一阵阵的痛，就要吞服了蓖麻油之类的泻药，或用灌肠的手法，不是油滑，便是稀散，使我立足不定，这么一泻，就泻出肛门之外了。

从此我又颠沛流离，如逃难的灾民一般，幸而不至于饿死，辗转又归到土壤了。

初回到土壤的时候，一时寻不到食物，就吸收一些空气里的氮气，以图暂饱。有时又把这些氮气，转化成了硝酸盐，直接和豆科之类的植物换取别的营养料。有时遇到了鸟兽或人的尸身，那是我的大造化，够我几个月乃至几年的享用了。

天晓得，20 世纪以来，美国的生物学者，渐渐注意了藏身土壤中的我。有一次，我被他们掘起来，拿去化验了。

我在化验室里听他们谈论我的来历。

有些人就说，土壤是我的家乡。有的以为我是水国里的居民。有的认为我是空气中的浪子。又有的称我是他们肚子里的老主顾。各依各人的试验所得而报告。

其实，不但人类的肚子是我的大菜馆，人身上哪一块不干净，哪一块有裂痕伤口，哪一块便是我的酒楼茶店。一切生物的身体，不论是热血或冷血，也都是我求食借宿的地方。只要环境不太干、不太热，我都可以生存下去。

干莫过于沙漠，那里我是不愿去的。埃及古代帝王的尸体，之所以能保藏至今而不坏，也就为着我不能进去的缘故。干之外再加以防腐剂，我就万万不敢去了。

热到了 60℃以上，我就渐渐没有生气，一到了 100℃的沸点，我就没有生望了。我最喜欢是暖血动物的体温，那是在 37℃左右吧。

热带的区域，既潮湿，又温暖，所以我在那里最惬意、最恰当。因此又有人认为我的籍贯，大约是在热带吧。

世界各国人口的疾病和死亡率，据说以中国与印度为最高，于是众人的目光又都集中在我的身上了，以为我不是中国籍，便是印度籍。最后，有一位欧洲的科学家站起来说，说我应属于荷兰籍。

说这话的人以为，在 17 世纪以前，人类始终没有看见过我，而后来发现我的地方，却在荷兰德尔夫市政府的一位看门老头子的家里。

这事情发生于公元 1675 年。这位看门先生是制显微镜的能手。他所制的显微镜，都是单用一片镜片磨成，并不像现代的复式显微镜那么笨重而复杂，而他那些镜片的放大力，却也不弱于现代科学家所用的。我是亲尝过这些镜片的滋味，所以知道得很清楚。

这老头子，在空闲的时候，便找些小东西，如蚊子的眼睛、苍蝇的脑袋、臭虫的刺、跳蚤的脚、植物的种子，乃至于自己身上的皮屑之类，放在镜片下聚精会神地细看，那时我也夹杂在里面，有好几番都险些被他看出来了。

但是，不久，我终于被他发现了。

有一天，是雨天吧，我就在一小滴雨水里面游泳，谁想

名师批注

适合细菌生长的地方就是它的籍贯吗？还是发现细菌的地方就是它的籍贯呢？这里为后文埋下伏笔。

知识链接

老头子：指列文虎克，荷兰显微镜学家，微生物学的开拓者。由于本人的勤奋和特有的天赋，他磨制的透镜远远超过同时代人。他一生磨制了 400 多个透镜，有一架简单的透镜，其放大率竟达 270 倍。

到这一小滴雨水，就被他寻去放在显微镜下看了。他看见了我在水中活动的影子，就惊奇起来，以为我是从天而降的小动物，他看了又看，疯狂似的。

又有一次，他异想天开，把自己的齿垢刮下一点点来细看，这一看非同小可，我的原形都现于他的眼前了。原来我时时都伏在那齿缝里面，想分吃一点“入口货”，这一次是我的大不幸，竟被他捉住了，使我族几千万年以来的秘密，一朝泄露于人间。

我在显微镜底下，东跳西奔，没处藏身，他眼也看红了，我身也疲乏了，一层大大厚厚的水晶上，映出他那灼灼如火如电的目光，着实可怕。

后来他还将我画影图形，写了一封长长的信，报告给伦敦英国皇家学会，不久消息就传遍了全欧洲，所以至今欧洲的人，还有以为我是荷兰籍者。这是错以为发现我的地点就是我的发祥地。

名师批注

在显微镜下，细菌终于被发现了。这里用讲故事的方式道出菌儿被人类发现的过程。言语生动幽默，充满趣味性。

老实说，我就是这边住住，那边逛逛；飘飘然而来，渺渺然而去，到处是家，行踪无定，因此籍贯实在有些决定不了。

然而我也不以此为憾。鲁迅的阿Q，那种大模大样的乡下人籍贯尚且有些渺茫，何况我这小小的生物，素来不大为人们所注视，又哪里有记载可寻、有历史可据呢！

不过，我既是造物主的作品之一，自然也有个根源，不是无中生有，半空中跳出来的，那么，我的籍贯，也许可从生物的起源这问题上，寻出端绪来吧。但这问题并不是一时所能解决的。

最近，科学家用电子显微镜和科学装备，发现了原始生物化石。在非洲南部距今31亿年前太古代地层中，找到长约0.5微米杆状细菌遗迹，据说这是最古老的细菌化石。那么，我们菌儿祖先确是生物界原始宗亲之一了。这样，我的原籍就有证据可查了。

名师点拨

作者把细菌完全比作人，不仅有姓名和来历，甚至还有籍贯。但菌儿作为一个流浪者，到底算哪儿的“人”呢？于是菌儿带读者了解它的生活环境和喜好。它告诉我们，它的籍贯一直颇受争议，有的说在热带，有的认为来自中国和印度，还有人因为在荷兰发现它，所以将其归入荷兰国籍。最后它揭晓答案：从生物起源的角度来说它应该来自非洲南部。

好词佳句

☆ 安分守己　颠沛流离　惬意　非同小可　大模大样

☆ 我在显微镜底下，东跳西奔，没处藏身，他眼也看红了，我身也疲乏了，一层大大厚厚的水晶上，映出他那灼灼如火如电的目光，着实可怕。

趣味思考

请从修辞手法、语言风格等方面赏析列文虎克发现细菌时的相关段落。

我的家庭生活

名师带你读

细菌这一事物通过显微镜被发现后，不久便被认为是疾病的元凶而被囚禁起来以供科学家们研究。在实验室里的菌儿住在哪里？待遇怎么样？和流浪生活有什么区别？

我正在水中浮沉，空中飘零，
听着欢腾腾一片生命的呼声，
欢腾腾赞美自然的歌声；
忽然飞起了一阵尘埃，
携着枪箭的人类陡然而来，
生物都如惊弓之鸟四散了。
逃得稍慢的都一一遭难了。
有的做了刀下之鬼；有的受了重伤；
有的做了终身的奴隶；有的饱了饥肠。
大地上遍满了呻吟挣扎的喊声，
一阵阵叫我不忍卒听尖锐的哀鸣。
我看到不平是落荒而走。

知识链接

惊弓之鸟：被弓箭吓怕了的鸟，比喻受过惊恐见到一点儿动静就特别害怕的人。

我因为短小精悍，容易逃过人眼，就悄悄地度过了好几万载，虽然在17世纪初，被发现过一次，幸而当时欧洲的学者，都当我是科学的小玩意儿，只在显微镜上瞪瞪眼，不认真追究我的性状，也就没有什么过不去的事了。

又挨过了2个世纪的漫长时光，法国出了一位怪学究，毫不客气地疑惑我是疾病的元凶，要彻底清查我的罪账。

无奈呀，我终于被囚了！被囚入那无情的玻璃小塔了！我看他那满面又粗又长的胡子，真是又惊又恨，自忖，这是我的末日到了。

> 名师批注
> 随着科技的发展，菌儿最终被“囚禁”在玻璃小塔里。从细菌的角度写人类认知的进步，突出体现这种进步的意义。

也许因为我的种子繁多，不易杀尽，也许因为杀尽了我，断了线索，扫不清我的余党；于是他就在实验室的玻璃小塔里暂养着我这可怜的薄命。在玻璃小塔里，气候是和暖的，食物是源源的供给，有如许的便利，一向流浪惯的我，也顿时觉着安定了。从初进塔门到如今，足足混了六十余年的光阴，因此这一段的生活，从好处着想，就说是我的家庭生活吧。

家庭生活是和流浪生活对立而言的。

然而，这玻璃小塔于我，仿佛也似笼之于鸟，瓶之于花，是牢狱的家庭，家庭的牢狱，有时竟是坟墓了，真是上了胡子科学先生的当。虽说上当，毕竟还有一线光明在前面，也许人类和我的误会，就由这里得以谅解了。

> 名师批注
> “笼之鸟”“瓶之花”的比喻充满文学色彩，本来就已经让玻璃小塔与细菌的关系显得清晰可感；“牢狱的家庭”“家庭的牢狱”更是充满哲学的辩证性，让这种关系更加深刻。

把牢狱当作家庭，
把怨恨当成爱怜，
把误会化为同情，
对付人类只有这办法。

这玻璃小塔，是亮晶晶，透明的，一尘不染，强酸不化，烈火不攻，水泄不通，薄薄的玻璃造成的，只有塔顶那圆圆的天窗，可以通气，又塞满了一口的棉花。

说也奇怪，这塔口的棉花塞，虽有无数细孔，气体可以来往自如，却像《封神榜》里的天罗地网，《三国演义》里的八阵图，任凭我有何等通天的本领，一冲进里面，就绊倒了，迷了路，逃不出去，所以看守我的人，是很放心的。

过惯了户外生活的我，对于实验室中的气温，本来觉着很舒适。但若刚从人畜的身体内游历一番，回来就嫌太冷了。

于是实验室里的人，又特别为我盖了一间暖房，那房中的温度和人的体温一样，门口装有一只按时计温的电表，表针一离了37℃的常轨，看守的人，就来拨动拨动，调理调理，总怕我受冷。

记得有一回，胡子科学先生的一个徒弟，带我下乡去考察，还要将这玻璃小塔，密密地包了，存入内衣的小袋袋，用他的体温，温我的身体，总怕我受冷。

科学先生给我预备的食粮，色样众多。大概他们试探我爱吃什么，就配了什么汤、什么膏，如牛心汤、羊脑汤、糖膏、血膏之类。还有一种海草，叫作“琼脂”，是常用做底子的，那我是吃不动，摆着做样子，好看一些罢了。

他们又怕不合我的胃口，加了盐又加了酸，煮了又滤，滤了又煮，消毒了又消毒，有时还掺入或红或蓝的色料，真是处处周到。

我是著名的吃血的小霸王，但我嫌那生血的气焰太旺，死血的质地太硬，我最爱那半生半熟的血。于是实验室里的大司务，又将那鲜红的血膏，放在不太热的热水里烫，烫成了美丽的巧克力色。这是我最精美的食品。

然而，不料，有一回，他们竟送来了一种又苦又辛的药汤给我吃。据说是为了要检查我身体的化学结构而预备的。那药汤是由各种单纯的，无机和有机的化合物，含有细胞所必需的十大元素配合而成。

那十大元素是一切生物细胞的共有物。碳为主；氢、氧、氮副之；钾、钙、镁、铁，又其次；磷和硫居后。

我的无数种子里面，各有癖好，有的爱吃有机之碳，如蛋白质、淀粉之类；有的爱吃无机之碳，如二氧化碳、碳酸盐之类；有的爱吃阿莫尼亚之氮；有的爱吃亚硝酸盐之氮；有的爱吃硫；有的爱吃铁。于是科学先生各依所好，酌量增加或减少各元素的成分，因此那药汤，也就不大难吃了。

我的呼吸也有些特别。在平时我固然尽量地吸收空气中

名师批注

通过写科学家为菌儿做暖房、预备种类繁多的“粮食”等，暗示他们严谨的科学实验态度。生动的语言让科研工作看起来充满乐趣。

的氧，有时却嫌它的刺激性太大，氧化力太强了，常常躲在低气压的角落里，暂避它的锋芒。所以黑暗潮湿的地方我最能繁殖，一件东西将要腐烂，都从底下烂起。又有时我竟完全拒绝氧的输入，原因是我自己的细胞会从食料中抽取氧的成分，而且来得简便，在外面氧的压力下，反而不能活，生物中不需空气而能自力生存的，恐怕只有我这一种了吧。

不幸，这又给饲养我的人，添上一件麻烦事了。

我的食量无限大，一见了可吃的东西，就吃个不停，吃完了才罢休。一头大象，或大鲸的尸身，若任我吃，不怕花去五年十载的工夫，也要吃得精光。大地上一切动植物的尸体，都是我这清道夫，给收拾干干净净了。

名师批注

正是由于菌儿“食量惊人”，才能够成为世界万物的“清道夫”。

何况这小小玻璃之塔里的食粮，是极有限的。于是又忙坏了亲爱的科学先生，用白金丝，挑了我，搬来搬去，费去了不少的亮晶晶的玻璃小塔，不少的棉花，不少的汤和膏，三日一换，五日一移，只怕我绝食。

最后，他们想了一条妙计，请我到冰箱里去住了。受冰点的寒气的包围，我的细胞缩成了一个小丸，没有消耗，也无须饮食，可经数月的饿而不死。这秘密，不久被他们探出了。

在冰箱里，像是我的冬眠。但这不按四时季节的冬眠，随着他们看守者的高兴，又不是出于我的自愿，他们省了财力，累我受了冻饿，这有些是科学的资本主义者的手段了。

我对于气候寒冷的感觉，和我的年纪也有关系，年纪愈轻愈怕冷，愈老愈不怕，这和人类的身体恰恰相反。

从前胡子科学先生，和他的大徒弟们，都以为我有不老的精神，永生的力量：说我每 20 分钟，就变成 2 个，8 小时之后，就变成 16000000 个，24 小时之后，也竟有 500 吨的重量了，岂不是不久就要占满了全地球吗？

现在胡子科学先生已不在人世，他的徒子徒孙对于我的看法，有些不同了。

名师批注

科学家的学生们提出了新的质疑。这也是科学不断进步所必需的精神。

他们说：我的生活也可以分为少、壮、老三期，这是根据营养的盛衰、生殖的迟速、身材的大小、结构的繁简而定的。

最近，有人提出我的婚姻问题了。我这小小家庭里面，也有夫妻之别、男女之分吧？这问题，难倒了科学先生。有的说，我在无性的分裂生殖以外，还有有性的交合生殖。他们眼都看花了，意见还都不一致。我也不便直说了。

科学先生的苦心如此，我在他们的娇养之下，无忧无虑，不愁衣食，也“乐不思蜀”了。

但是，他们一旦翻了脸，就要提我去审问，这家庭就宣告破产，而变成牢狱了，唉！

名师点拨

随着人类科技、认知能力的进步，人们逐渐揭开了细菌的神秘面纱，不仅发现了它的踪迹，还把菌儿囚禁在了玻璃小塔里以供科学家们进行研究。在菌儿看来，这里既是家庭也是牢狱，在它的嘴里严肃的科研工作都颇具喜感，使得原本严谨的研究工作生动有趣，有利于更好传播普及相关专业的科学知识。

好词佳句

☆ 惊弓之鸟　一尘不染　无忧无虑　乐不思蜀

☆ 何况这小小玻璃之塔里的食粮，是极有限的。于是又忙坏了亲爱的科学先生，用白金丝，挑了我，搬来搬去，费去了不少的亮晶晶的玻璃小塔，不少的棉花，不少的汤和膏，三日一换，五日一移，只怕我绝食。

趣味思考

为什么菌儿认为玻璃小塔里既是家庭又是牢狱？

无情的火

名师带你读

进了玻璃小塔的菌儿本以为从此便可以接受科学家的悉心照料而高枕无忧，这一天却不想被提出来放在了一片有水滴的玻璃片上，它难道要重获自由了吗？

我自从踏进了玻璃小塔之后，初以为可以安然度日了。

想不到，从白昼到黑夜又到了白昼，刚刚经过了24小时的拘留，我正吃得饱饱的，懒洋洋地躺在牛肉汁里，由它浸润着；忽然塔身震荡起来，一阵热风冲进塔中，天窗的棉花塞不见了，从屋顶吊下来一条又粗又长，明晃晃的、热烘烘的白金丝，丝端有一圈环子，救生环似的，把我钩到塔外去了。

我真慌了。我看见那位好生面熟的科学先生，坐在那长长的黑漆漆的试验桌旁，五六个穿白衫的青年都围着看，一双双眼睛都盯着我。

他放下了玻璃小塔，提起了一片明净的玻璃片，片上已滴了一滴清水，就将右手握着那白金丝上的我，向这一滴水里一送，轻轻地大涂大搅，搅得我的身子乱转。

这一滴水就似是我的大游泳池，一刹那，那池水已自干了。于是我大难临头了。

名师批注

为什么池水干了菌儿就要大祸临头？此处为后文埋下伏笔。

我看见那酒精灯上的青光，心里早已兀突兀突地跳了。果然那狠心的科学先生一下子，就把我往火焰上穿过了三次，使那冰凉的玻璃片，立时变成热烫热烫的火床了。我身上的油衣都脱化了。烧得我的细胞焦烂，死去活来，终于是晕倒

不省“菌”事了。

据说，后来那位先生还洗我以酒，浸我以酸，毒我以碘汁，灌我以色汤，使我披上一层黑紫衣，又披上一件大红衣，都是为了便于检查我的身体、认识我的形态，而发明了这些曲曲折折的手续。当时我是热昏了全然不知不觉的，一任他们的摆弄就是了，又有什么法子想呢？

自从此后，每隔一天，乃至一星期，我就要被提出来拷问，来受火的苦刑。

火，无情的火，我一生痛苦的经历，多半都是由于和它碰头。

这又引起我早年的回忆了。

我本是逐着生冷的食物而流浪的。这在谈“我的籍贯”那一章已说得明明白白了。

在太古蛮荒的时代，人类都是茹毛饮血，茹的是生毛，饮的是冷血。那时口关的检查不太严，食道可以随意放行，我也自由自在无阻无碍地，跟着那些生生冷冷的鹿肉呀羊心呀，到人类的肚肠去了。

自从传说中不知第几任的中国帝王，那淘气的燧人氏，那钻木取火的燧人氏，教老百姓吃熟食以来，我的生计问题，曾经发生过一次极大的恐慌。

后来还亏这些老百姓不大认真，炒肉片吧，炒得半生半熟，也满不在乎地吃了。不然就是随随便便地连碗底都没有洗干净就去盛菜，或是留了好几天的菜，味都变了，还舍不得吃，这就给我一个“走私”“偷运”的好机会了。他们都看不出我仍在碗里活动。

热气腾腾的时候，我固然不敢走近；凉风一拂，我就来了。

虽然，我最得力的助手，还是蝇大爷和蝇大娘。

我从肚肠里出来，就遇着蝇大爷。我紧紧地抱着他的腰，牢牢地握着他的脚。他嗡的一声飞到大菜间里去了。他扑的一下停落在一碗菜的上面，把身子一摇，把我抛下去了。我忍受着菜的热气，欢喜那菜的香味，又有的吃了。

名师批注

采用拟人的修辞手法，称呼苍蝇为“蝇大爷”“蝇大娘”，揭示了菌儿与苍蝇之间密切的关系；又通过“抱”“握”“摇”等一系列动词，描述了菌儿借助苍蝇传播的情景。

我吃得很惶惑，抬起头来，听见一位牧师在自言自语：

“上帝呀，万有万能的主呵！你创造了亚当和夏娃，又创造了无数鸟兽鱼虫、花草树木来陪伴他们，服侍他们。你的工作真是繁忙啊！你果真于六天之内造成了这么多的生物吗？你真来得及吗？你第七天以后还有新的作品吗……”

“近来有些学者对你怀疑了。怀疑有好些小动物都未必是由你的大手挥成。它们都可以自己从烂东西里，自然而然地产生出来。就如苍蝇、萤火虫、黄蜂、甲虫之流，乃至于小老鼠，都是如此产生。尤其是苍蝇，苍蝇的公子哥儿的确是自然而然地从茅厕坑里跳出来的啊……”

我听了暗暗地好笑。

这是 17 世纪以前的事。那时的人，都还没有看见过苍蝇大娘的蛋，看见了也不知道是什么。

不久之后，在 1688 年的夏天，有一回，我跟着苍蝇大娘出游，游到了意大利一位生物学先生的书房里。她停落在一张铁纱网的面上，跳来跳去，四处探望。我闻到一阵阵的肉香，不见一块块的肉影。她更着急了，用那一只小脚乱踢，把我踢落到那铁纱网的下边去了。原来肉在这里！

这是这位生物学先生的巧计。防得了苍蝇，却防不了我。小苍蝇虽不见飞进去，而那一锅的肉却依旧酸了烂了。

从此苍蝇的秘密被人类发觉了。为着生计问题，于是我更无孔不钻，无缝不入了。

名师批注

详细描述了细菌入侵的过程，也揭示了人类在认知细菌的过程中走过的弯路。

我也不便屡次高攀苍蝇的贵体，这年头，专靠苍蝇大爷和苍蝇大娘谋食，是靠不住的呵！于是我也常常在空气中游荡，独自冒险远行以觅食。

有一回，是1745年的秋天吧，我到了爱尔兰，飞进了一位天主教神父的家里。他正在热烈的火焰上烧着一大瓶的羊肉汤，我闻着羊肉气，心怦怦地动。又怕那热气太高，不敢立刻下手。他煮好了，放在桌上，我刚要凑近，陡然一下，那瓶口又给他紧紧密密地塞上了木塞子。我四周一看，还有个弯弯的大隙缝，就索性挤进去了。

初到肉汤的第一刻，我还嫌太热，一会儿就温和而凉爽了。一会儿，忽然又热起来了，那肉汤不停地乱滚，滚了好一个时辰，这才歇息了。我一上一下地翻腾，热得要死，往外一看，吓得我差点没命，原来那神父又在火焰上烧这瓶子了！烧了约莫快到一个钟头的光景。

名师批注

讲述了菌儿差点被发现的一次惊险经历，虽科学家没有得到正确的答案，但也衬托出人类在求知道路上的孜孜不倦。

我幸而没有被烧死，逃过了这火关，就痛快地大吃了一顿，把这一瓶清清的羊肉汤搅浑得不成样子了，仿佛是水中的乱云飞絮似的上下浮沉。那阔嘴的神父，看了又看，又挑了一滴放在显微镜下再看，看完之后，就大吹大擂起来了。他说："我已经烧尽了这瓶子里的生命，怎么又会变出这许多来呢？这显然是微生物会从羊肉汤里自然而然地产生出来的呀！"

我听了又好气又好笑。

这样糊里糊涂地又过了 24 年。

到了 1769 年的冬天，从意大利又发出反对这种“自然发生学说”的呼声，这是一位秃头教士的声音。他说：“那爱尔兰神父的试验不精到，塞没有塞好，烧没有烧透，那木塞子是不中用的，那 1 个小时是不够用的。要塞，不如密不透风地把瓶口封住了。要烧，就非烧到 1 小时以上不可。要这样才……”

我听了这话，吃惊不小，叫苦连天。

一则有绝食的恐慌；二则有灭身的惨祸。

这是关于我的起源的大论战。教士与神父怒目；学者和教授切齿。他们起初都不能决定我出身何处，起家哪里。从不知道或腐或臭的肉啊、菜啊，都是我吃饱了的成绩。他们却瞎说瞎猜，造出许多科学的谣言来，什么“生长力”啦，什么“氧化作用”啦，一大堆的论文，其实那黑暗的主动者就是我，都是我，只有我！

名师批注

揭示腐烂食物的根源就是由于菌儿的存在。

仿佛又像诸葛亮和周瑜定计破曹操似的，这些科学的军师们，一个个的手掌心，都不约而同地写着“火”字。他们都用火来攻我，用火来打破这微生物的谜。

火，无情的火，真害我菌儿死得好苦也！

这乱子一直闹了 1 个世纪，一直闹到了 1864 年的春天，这才给那位著名的胡子科学先生的试验，完完全全地解决了。

说起来也话长，这位胡子科学先生真有了不起的本事，真是细菌学军营里的姜子牙。我这里也不便细谈他的故事了。

单说有一天吧。这一天我飘到了他的实验室里了。他的实验室我是常光顾的。这一次却没有被请，而是我独自闲逛地飞游而来了。

我看见满桌上排着二三十瓶透明的黄汤，有肉香，有甜味。那每一只的瓶颈，都像鹤儿的颈子一般，细细长长地弯了那么一大弯，又昂起头来。我禁不住地就从一只瓶口扬长地飞进去了。可是，到了瓶颈的半路，碰了玻璃之壁，又滑又腻的壁，费尽气力也爬不上去，真是苦了我，罢了罢了！

那胡子科学先生一天要跑来看几十次，看那瓶子里的黄汤仍是清清明明的，阳光把窗影射在上面，显得十二分可爱，他脸上现出一阵一阵的微笑。

这一着，他可把“自然发生说”的饭碗，完全打翻了。为的是我不得到里面去偷吃，那肉汤，无论什么汤，就不会坏，永远都不会坏了。

于是，他疯狂似的，携着几十瓶的肉汤，到处寻我，到巴黎的大街上，到乡村的田地上，到天文台屋顶的空房里，到黑暗的地窖里，到了瑞士，爬上阿尔卑斯山的最高峰去寻我。他发现空气愈稀薄，灰尘愈少，我也愈稀、愈难寻。

名师批注

为什么要改变地点呢？是为了研究不同物理环境下细菌的变化情况。

寻我也罢，我不怪他。只恨他又拿我去放在瓶子里烧。最恨他烧我又一定要烧到 110℃以上、120℃以上，乃至 170℃；用高压力来烧我，用干热来烧我，烧到了 1 个钟头还不肯止呢！

火，无情的火，是我最惨痛的回忆啊！

现在胡子科学先生虽已不见了，而我却被囚在这玻璃小塔里，历万劫而难逃，那塔顶的棉花网，就是他所想出的倒霉法子。至于火的势力，哎哟！真是大大地蔓延起来了。

火，无情的火，实验室的火、医院的火、检疫处的火，到处都是火。果真能灭亡了我吗？那至多也不过像秦始皇焚书一般似的。

我的儿孙布满陆地、大海，与天空。

毁灭了大地，毁灭了万物，才能毁灭我的菌群！

名师点拨

科学家们为了更加深入了解菌儿，把它从舒适的培养皿中转移到了酒精灯上，一过火菌儿便不省“菌”事了，这份痛苦也勾起了它遥远的回忆：原来火就是这神通广大的细菌的克星。菌儿还向我们介绍了带它四处游荡的得力助手——苍蝇，以及它是如何同科学家们斗智斗勇，最终被无情的火和科学实验制服的故事。

好词佳句

☆ 不知不觉　茹毛饮血　大吹大擂　叫苦连天　不约而同

☆ 这一滴水就似是我的大游泳池，一刹那，那池水已自干了。

☆ 我幸而没有被烧死，逃过了这火关，就痛快地大吃了一顿，把这一瓶清清的羊肉汤搅浑得不成样子了，仿佛是水中的乱云飞絮似的上下浮沉。

趣味思考

胡子科学先生是如何制服菌儿的？

水国纪游

名师带你读

经历过大火炙烤的菌儿不由得回忆起温暖的故乡——水国。它深爱着水：无论是清或是浊，无论是热还是冷，无论是什么水，对于菌儿来说都各有各的舒适。那么菌儿为什么这么喜欢水呢？在众多水类中它又有哪些喜好和故事呢？

实验室的火要烧焦了我，快了。

渴望着水来救济，期待着水来浸洗，我真做了庄周所谓的“涸辙之鲋”了。

无情的火处处致我灼伤，有情的水杯杯使我留恋。世间唯水最多情！这若使中国深受水患所扰的灾民听了，肯定有不同意的。

“你看那滔天大水，使我们的田舍荡尽，水哪里还有情？”

这是因为从大禹以来，中国就没有个能治水的人，顺着水性去治，把江河泛滥的问题，一劳永逸地解决了。

中国的古人曾经写了一部《水经》，可惜我没有读过；但我料他一定把我这一门，水族里最繁盛的生物，遗漏了。我是深明水性的生物。

水，我似听见你不平的流声，我在昏睡中惊醒！

五月的东风，卷来了一层密密的黑云，遮满了太平洋的天空。

我听见黄河的吼声、扬子江的怒声、珠江的喊声，齐奔大海，击破那翻天的白浪。

知识链接

涸辙之鲋：意为在干涸了的车辙沟里的鲫鱼，比喻处于极度窘困的境地，亟待救援的人。鲋，鲫鱼。

知识链接

《水经》：书名，《隋书·经籍志》载“《水经》三卷郭璞注”，《旧唐书·经籍志》改“注”字为“撰”，郭璞为作者。《新唐书·艺文志》称为钦撰，宋朝以后的著作大多称桑钦撰。此书简要记述了全国

137 条主要河流的水道情况，记载相对简略。后郦道元著《水经注》。

这万千的水声，洪大，悲壮，激昂，打动了我微弱的胞心，鼓起了我疲惫的鞭毛。陡然地增长了我斗生的精神。

水，我对于你，有遥久深远的感情，我原是水国的居民。

水，你是光荣的血露，神圣的流体！

耶稣基督据说也曾受过你的洗礼。地面上的万物都要被你所冲洗。

水，我爱你的浊，也爱你的清。

清水里，氧气充足，我虽饿肚皮，却能延长寿命。

浊水里，有那丰富的有机物，供我尽情地受用。

气候暖，腐物多，我就很快地繁殖。

气候冷，腐物少，我也能安然地度日。

气候热，腐物不足，我吃得太速，那生命就很短促了。

水，什么水？是雨水。把我从飞雾浮尘，带到了山洪、溪涧、河流、沟壑。浮尘愈多，大雨一过，下界的水愈遍满了我的行踪。

我记起了阿比西尼亚雨季的滂沱。法西斯头子墨索里尼纵使并吞了阿比西尼亚，也消灭不了那滂沱，更止不住我从土壤冲进了江河。

知识链接

阿比西尼亚：北非的埃塞俄比亚。

雨季连绵下去，雨水已经澄清了天空，扫净了大地，低洼处的我，虽不会再加多，有时反而被那后降的纯洁的雨水逐散了，然而大江小河，这时已浩浩荡荡满载着我，这将给饮食不慎的人群以相当的不安啊！

水，什么水？是雪水。我曾听到胡子科学先生得意扬扬地说过，山巅的积雪里寻不见我。我当然不到那寂寞荒凉的高峰去过活，但将化未化的美雪，仍然是我冬眠的好地方。

雪花飞舞的时候，碰见了不少的灰尘，我又早已伏在灰尘身上了。瑞典的首都，地处寒带而多山，日常饮用的水，都取自高出海面 160 米的一个大湖。平时湖水还干净，阳春一发，雪块融化，拖泥带土而下，卫生当局派人来验，说一声“不好了！”我想，这又是因为我的活动吧！

水，什么水？是浅水，是山泽、池沼，及一切低地的蓄水。最深不到5尺，又那么静寂，不大流动。我偶尔随着垃圾堆进去，但那儿我是不大高兴住久的。那儿是蚊大爷的娘家，却未必是我的安乐窝。

尤其是在大夏天，太阳的烈焰照耀得我全身发昏。我最怕的是那太阳光中的“紫外光”，残酷的杀菌者。深不到5尺的死水，真是使我叫苦，没处躲身了。5尺以外的深水才可以暂避它的光芒。最好上面还挡着一层污物，挡住那太阳！

我又不喜那带点酸味的山泽的水，从瀑布冲来了山林间的腐木烂叶，浸成了木酸叶酸，太含有刺激性了。

如果这些浅水里，含有水鸟鱼鳖的腥气，人粪兽污的臭味，那又是我所欢迎的了。

水，什么水？是江河的水。江河的水满载着我的粮船，也满载着我的家眷。印度的恒河就是一条著名的“霍乱”河；法国的罗讷河也曾是一条著名的“伤寒”河；德国的易北河又是一条有历史的“霍乱”河；美国的伊利诺伊河又是一条过去的“伤寒”河。“霍乱”和“伤寒”，还有“痢疾”，是世界驰名的水疫，是由我的部下和人类暗斗而发生。其间，自有一段恶因果，这里且按下不表。

中国的江河，自然也不退班。大的不说，单说上海那一条乌七八糟的苏州河，年年春天夏天的时候，我天天率着眷属在那河水里洗澡，只是你们没有觉察罢了。

有人说：江河的水能自清。这是诅咒我的话意。不是骂我早点饿死，就是讥笑我要在河里自杀。我不自尽，江河的水怎么会清呢？

然而，在那样肥美的河肠江心里游来游去，好不快活，我又怎肯无端自杀，更何至于白白地饿死。

然而，毕竟河水是自清了。美国芝加哥大学有一位白发苍苍的老教授，曾在那高高的讲台上说过：当他在三十多岁

知识链接

尺：长度单位，1米=3尺。

名师批注

举例子证明，世界上河流中有细菌易致病是非常普遍的现象。

知识链接

退班：方言，差、次的意思。

壮年的时候，初从巴黎游学回来，对我极感兴趣，曾沿着伊利诺伊河的河边，检查我菌儿的行动。他在上游看见我是那样地神气、是那样地热闹，几乎每一滴河水里都围着一大群。到了下游，就渐渐地稀少了。到了欧地奥的桥边，我更没有精神了。他当时心下细思量，这真奇怪，这河里的微生物是怎样地逐渐稀少了呢？难道河水自己能杀菌吗？

河水于我，本有恩无仇。无奈河水里常常浮着两种坏东西，威胁着我的生存。它们也是微生物。我看它们是微生物界的捣乱分子，专门和我作对。

一种比我大些，它们是动物界里的小弟弟。科学先生叫它们“原虫”，恭维它们做虫的“原始宗亲”。我看它们倒是污水烂泥里的流氓强盗。最讨厌的是那鞭毛体的原虫。它的鞭毛，比我的又粗又大，也活动得厉害，只要那么一卷，便把我一口吞吃而消化了。

它的家庭建筑在我的坟墓上，我恨不恨！

一种比我还要小几千百倍，很自由地钻进我身子里，去胀破我那已经很紧的细胞，因此科学先生就唤它“噬菌体”。你看它的名字就已明白是和我作对。它真是小鬼中的小鬼！

名师批注

菌儿终于遇到了生物界的对手——原虫与噬菌体。这也就能够解释为何一条河流的上下游会出现截然不同的水质状况。

水，什么水？是湖水。静静的，平平的，明净如镜，树影蹲在那儿，白天为太阳哥拂尘，晚上给月姐儿洗面，没有船儿去搅它，没有风儿去动它，绝不起波纹。在这当儿，我也知道湖上没有什么好买卖，也就悄悄地沉到湖底归隐去了。

这时候，科学先生，在湖面寻不着我，在湖心也寻不出我，于是他又夸奖那停着不动的湖水有自清的能力呀。

可是，游人一至，游船一开，在酣歌醉舞中，瓜皮与果壳乱抛，在载言载笑间，鼻涕和痰花四溅，那湖水的情形又不同了。

水，什么水？是泉水，是自流井的水，是地心喷出来的水。那水才是清。那儿我是不易走得近的。那儿有无数的石子沙砾绊住我的鞭毛，牵着我的荚膜不放行。这一条是水国里最难通行的险路，有时我还冒着险前冲，但都半途落荒了。

水，什么水？是海水。这是又咸又苦著名的盐水。咸鱼、咸肉、咸蛋、咸菜，凡是咸过了七分的东西，我就有些不肯吃，最适合我胃口的咸度，莫如血、泪、汗、尿，那些人身上的水流，如今这海水是纯盐的苦水，我又怎样愿意喝呢？

不过，海底还是我的第一故乡，那儿有我的亲戚故旧，我曾受着海水几千万年的浸润。现在虽漂游四方，偶尔回到老家，对于故乡的风味，虽然咸了些，也有些流连不忍离去吧。

我在水里有时会发光。所以在海上行船的人，在黑夜里，不时望见那一望无际的海面，放出一闪一闪的磷光，那里面也夹着一星一星我的微光。

我自从别了雨水以来，一路上弯弯曲曲，看见了不少的风光人物：不忍看那残花落叶在水中荡漾，又好笑那一群喜鸭在鼓掌大唱，不忍听那灾民的叫爹叫娘，又叹息那诗人的投江！

五月的东风，
吹来一片乌云，
遮满太平洋的天空。
我到了大海，
观着江口河口的汹涌澎湃。
涌起了中国的怒潮！
冲倒了对岸的狂流！
击破了那翻天的白浪！
洗清了人类的大恨！
……

知识链接

荚膜：指某些细菌在细胞壁外包围的一层黏液性物质，一般由糖和多肽组成。这是细菌的一种特殊结构。

看到这里，我想，那些大人们争权夺利的大厮杀，和我这微生物小子又有什么相干呢?

名师点拨

菌儿喜欢水。什么水?是雨水、雪水、浅水，也是江河水、湖水、泉水、海水……每种水都有菌儿自己独特的故事，它在和我们分享的同时还站在自己细菌的角度俏皮地解释了不少科学现象。接着作者笔锋一转从大自然放眼到人类社会，见多识广的菌儿也不禁发出了意味深长的感叹。

好词佳句

☆ 涸辙之鲋　一劳永逸　得意扬扬　归隐　汹涌澎湃

☆ 我听见黄河的吼声、扬子江的怒声、珠江的喊声，齐奔大海，击破那翻天的白浪。

☆ 水，什么水?是江河的水。江河的水满载着我的粮船，也满载着我的家眷。

☆ 水，什么水?是湖水。静静的，平平的，明净如镜，树影蹲在那儿，白天为太阳哥拂尘，晚上给月姐儿洗面，没有船儿去搅它，没有风儿去动它，绝不起波纹。

趣味思考

文中介绍了菌儿的哪两个对头?它们各有什么特点?

呼吸道的探险

名师带你读

灰尘中携带了很多东西，不仅有细菌，还有来自矿物界、植物界和动物界的小东西。它们四处冲撞流浪，通过遇见一只蝙蝠的机会帮助我们认识了一个名叫“扁桃腺”的器官。这个器官有什么作用？又是如何形成的呢？

我在乡村的田园上，仍然过着颠沛流离的生活，处处靠着灰尘的提携。

那灰尘真像是我的航空母舰，上面载着不少的游伴。

这些游伴的分子也太复杂了。矿物、植物、动物三大界都有，连我菌物也在内，一共是四色了。

矿物之界，有煤烟的炭灰，有火山的破片，有海浪的盐花，有陨星的碎粒，还有各式矿石的散沙，都随着大风而远扬。

植物之界，有花蕊、花球的纷飞；有棉絮、柳丝的飘舞；有种子、芽孢、苔藻、淀粉、麦片，以及各式各样的植物细胞的乱奔狂突。

动物之界，有皮屑、毛发、鸟羽、蝉翼、虫卵、蛹壳，以及动物身上一切破碎零星的组织的东颠西扑。

菌物之界，有一丝一丝的霉菌，有圆胖圆胖的酵母，在空中荡来荡去。最后就是我菌儿这一群了。

这是灰尘的大观。这中间以我族最为活跃。我在灰尘中，算是身子最轻，因此我活动的范围也最广。

这些风尘仆仆中的杂色分子，又像是一群流浪儿、一群

名师批注

这样的开头使得段落形成排比，气象万千。

迷途的羔羊呵。

我紧牵着这一群流浪儿的手，在天空中奔逐，到处横冲直撞，不顾一切利害。

记得有一回，还是在洪荒时代吧，我正在黑夜的森林中飞游，忽然碰了一个响壁，原来是蝙蝠的鼻子。我在暗中摸索，堕进了它鼻孔的深渊，觉得很柔滑很温暖。但不久，被它强有力的呼吸一喷，就打了几个筋斗出来了。

后来，我冲进它的鼻孔里去的机会愈来愈多了。然而，它这一类动物，呼吸道的抵抗力颇强，颇不容易攻陷，它的扁桃腺也发育得不大完全。

名师批注

采用拟人的修辞手法详细描述淋巴组织、扁桃腺的生理结构，非常形象，语言生动活泼。

“扁桃腺”这东西是淋巴组织的结合，淋巴腺之一大种。在腭部有腭扁桃腺，在咽喉间有咽扁桃腺，在小脑上有小脑扁桃腺。如此之类的扁桃腺，自我闯入动物体内之后，都曾一一碰到了。

动物体内的淋巴组织是含有抵抗作用的。淋巴细胞也就是抗敌的细胞，是白血球的一种。所以淋巴这草黄色的流液，着实富有排除外物的力量呀，我往往为它所驱逐而逃亡。

那么，扁桃腺就是淋巴组织最高的建筑物，就是动物身内抗菌的大堡垒了。当我初从鼻孔或口腔进到舌上喉间的时候，真是望之而生畏。

后来走熟了这两条路，看出了扁桃腺的破绽与弱点。原来它的里外虽有很多抗敌的细胞把守，但它的四周空隙深凹之处可真不少，那里的空气甚不流通，来来往往的食货污物又喜好在此地集中，留下不少的渣滓，反而成为我藏身避难的好处所了。

我就在这儿养精蓄锐，到了有机可乘时，一举占领了扁桃腺，作为攻身的根据地了。于是那动物就发生了扁桃腺炎了。

这在人类就非常着急！认为扁桃腺在人身上有反动的阴谋，和盲肠是一流的下贱东西，无用而有害，非早点割弃它不可。

其实人身上的扁桃腺及其他淋巴腺愈发达，尤其是呼吸道的淋巴腺愈发达，愈足以表现出人菌战争之烈。

人若得胜，淋巴腺则是防菌的堡垒；我若得胜，这堡垒则变成为我的势力区了。

淋巴腺，在动物的进化过程中，还是比较新的东西。这是由于我的长期侵略，它们积极抵抗，相持既久，它们内就突然产生了这种防身的组织。

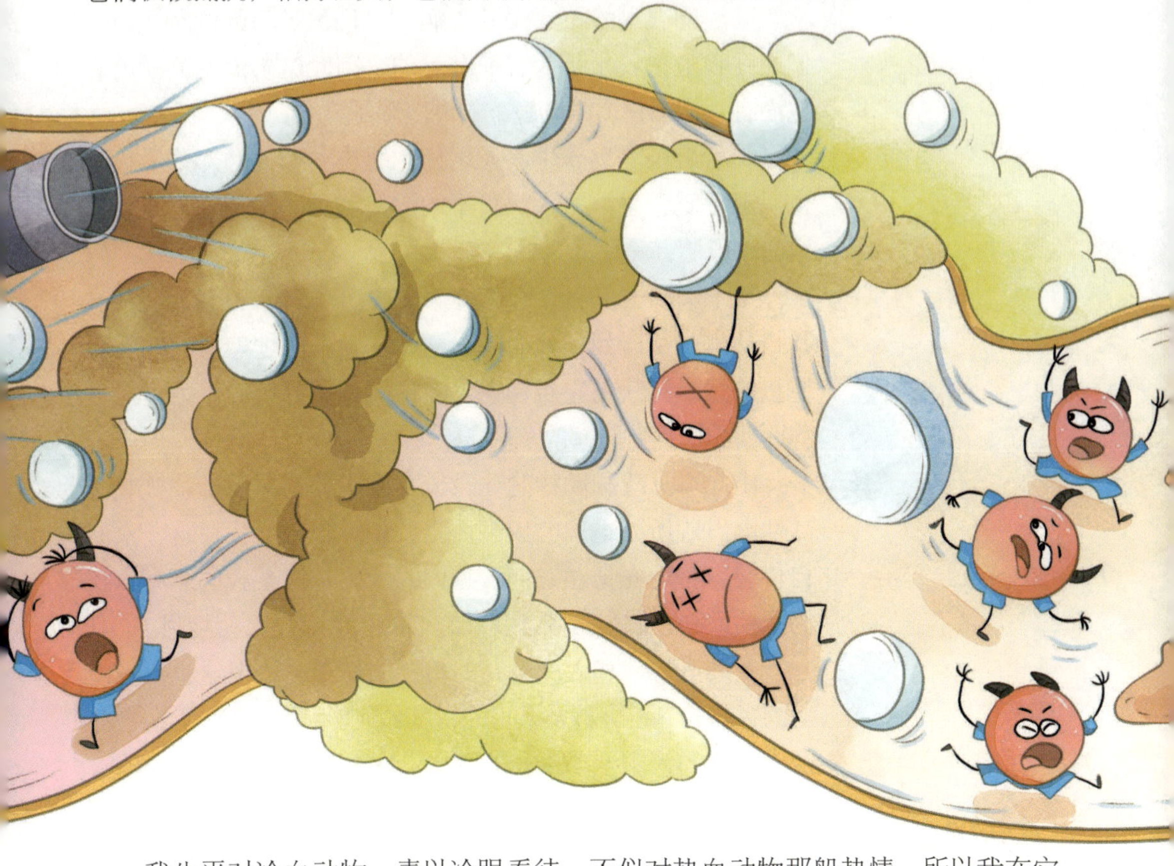

我生平对冷血动物，素以冷眼看待，不似对热血动物那般热情，所以我在它们体内游历的时候，也没有见过有什么淋巴腺、扁桃腺之类的组织，这是因为我很少侵略它们的内部器官，我不过常拿它们的躯壳，当作过渡时期的驻屯所罢了。有时还利用它们作为我投奔高等动物身体的天梯或桥梁哩。这之间，就以昆虫之类最肯帮我的忙，尤以苍蝇、蚊子、臭虫、跳蚤、身虱、八角虱之流，这些人类所深恶的东西，更喜欢和我密切地合作，这是后话。不过，我如想从鼻孔进攻人兽之身，那还须靠灰尘的牵引。

我曾经游遍了普天下动物的身体，只见到鸟类和哺乳类才有淋巴腺、扁桃腺之类的抗敌组织，而以哺乳类的淋巴腺最为发达。到了人，这淋巴腺的交通网更繁密了。人原是可以得很多病的动物呵。淋巴腺在进化途中实是传染病的一种纪念碑呵。

高空的飞鸟绝不会得肺痨病，它们常吸新鲜的空气，它们的呼吸道里我是不大容易驻足的，因此这条道上的淋巴腺也没有它们消化道的肠膜下的淋巴腺那样多。

肺痨病虽有鸟、牛、人之分，而与鸟相关的部分受害者也只限于鸡鸭之群，人类篱下的囚徒罢了。于是它们呼吸道里的淋巴腺，是比飞鸟的增加了。

至于蝙蝠这夜游的动物，喜好在檐下或树林间盘旋飞舞。我自从那一回碰到了它的鼻子之后，就渐渐地熟悉它的呼吸道上的情形。我见它当初也没有什么扁桃腺，后来为了对付我而新添了这件隆起的东西。

由此可见我和动物的呼吸道发生了关系之后，扁桃腺及其他淋巴腺所处地位的崇高而重要了。所以，我在这一章的自传里，特地先记述它们。它们的产生是由于我的刺激，我的行动又以它们为路碑，我和它们的关系是多么密切呵。

我冲进鸟兽和人的鼻孔的机会固然很多，但这也要看灰尘的多寡，鸟兽之群及人口的密度如何。

高阔的天空不如山林的草原，农村的广场不如都市的大街，公园不如戏院，贵人的公馆不如十几个人窝在一间黑暗的棚户。总之，人烟愈稠密，人群愈拥挤，我从空中到鼻子，从鼻子又到别的鼻子的机会也愈多了。

我在乡村的田园上飞游之时，生活过于空虚，颇为失意。于是，就趁着乡下人挑担进城的时候，我就附着他的身上，到这浮尘的都市观光来了。

在都市的热闹场所，我的生意极其兴隆。这儿不但有灰尘代我宣扬，还有痰花口沫的飞溅而助我传播。

名师批注

作者这段看似“兴奋”的描述，实际上也是在提醒人们远离菌儿集中地。所以当流行性疾病传播严重时，要少去人多的地方。

从此呼吸道上总少不了我的影子。这条入肺的孔道，我是走得烂熟了。它的门户又是永远开放的。

虽然，婴儿初离母胎时，他的鼻孔和口腔以内，是绝对没有我的踪迹的。但经过了数小时之后，我就从空气中一批一批地移民来此垦殖了。

我的移民政策是以呼吸道的形势与生理上的情形来决定的。要看那块地方，气候的寒暖如何，湿度如何，黏膜上有无隙缝深凹之处，氧气的供给是否太多，组织和分泌汁的反应是酸是碱抑是中性，细胞胞衣上的纤毛，它们的活动力是否太强烈了。须等到这些条件都适合于我的生活需要了，然后这曲折蜿蜒海岸线似的呼吸道，才有我立身插足之地呵！

此外，还有临时发生的事件，也足以助长我的势力。如食货和外物的停积，是加厚了我的食粮；如黏膜受伤而破裂，是便利了我的进攻；更有那不幸的矿工，整天呼吸着矽灰，他的肺瓣硬化了，变成了矽肺，这矽肺是我所最喜盘踞的地方。我家里那个最不怕干的孩子，人们叫它作“痨病菌”的，便是常在这矽肺上生长繁殖。于是科学先生就说，矽肺乃是肺痨病的一种前因。这是由于矿工受了工作环境的压迫，没有得到卫生的保障。人必先糟蹋了自己的身体，而后我才有机可乘，这不能专怪我的无情吧。

在十分柔滑而又崎岖不平的呼吸道上，我的行进有时有稍许的顺利，而有时又甚艰险了。因此，我这一群里，有的看呼吸道如“天府之国”，有久居之意；有的又把它当作牢狱似的，一进去就巴不得快快地出来；又有的则认为是临时的旅舍，可以来去无定。这样地，终主人的一生，他的呼吸道上，我的形影是从不会离开的。

这呼吸道又很像一条自由港，灰尘的船只可以随意抛锚。

名师批注

将呼吸道比喻为自由港，又

将自由港分为三大湾，巧妙引出下文的说明。

就我历次经验所知，这条曲曲折折的自由港又可分为里、中、外三大湾。

里湾以肺为界岸，出去就是支气管，到气管，到喉。中湾介于口腔与鼻洞之间，是呼吸道和食道的三岔路口，是入肺入胃必经的要隘，隆肿的扁桃腺就在这里出现，这一湾的地名就叫作“口咽”。“口咽”之上为“鼻咽”，那是外湾的起点了。“鼻咽”之前就是纡曲的鼻洞，分为两道直通于外。

纡曲的鼻洞，我是不大容易居留的，那里时有大风出入，鼻息如雷，有时鼻涕像瀑布一般滚滚而流，冲我出来了。所以在平时，鼻洞里的我大都是从新空气游来的，而且数目也较为不多。我本是风尘的游客，哪配久恋鼻乡呢？何况前面还有森严的鼻毛，挡住我的去路啊！

可是，鼻洞里的气候时时在转变着，寒暖无常，有时会使鼻禁松弛了，我也就不妨冒险一冲，到了鼻咽里来了。

在鼻咽里，我较易于活动，而能迅速地繁殖着。但，我的繁荣，究竟是受了当地食粮的限制，于是我不得不学侵略者的手段了。我这也是为着生计所迫，而不能不和鼻咽以内的细胞组织斗争呵！

所以，到了鼻咽以后，我的性格就不似从前在空中时那样浪漫与无聊，变得泼辣勇猛多了。

由鼻咽到口咽，一路上准备着厮杀、准备着进攻。我望见那红光满目的扁桃腺，又瞥见那一开一合的大口，送进一闪一闪的光明，光明带来了许多新鲜的空气。我在这歧路上徘徊观望，逡巡不敢前进。久而久之，习惯使我胆壮，我就在口咽的上下，扁桃腺的四周埋伏，乘机起事。所以在人身，我的菌众与种类，除了盲肠的左右以外，要算以咽喉之间为最多了。

我在呼吸道上进攻的目的地，当然是肺。
那儿有吃不尽的血粮，
那儿有最广阔的活动场所，
肺尖又脆肺瓣又弱，
我可以长期地繁殖着。
但我在未达到肺腑前，
要尝尽千辛万苦，
一越过了软骨的音带，
突然就遇着诸种危害：
四围的细胞会鼓起纤毛来扫荡我，
两旁的黏膜会流出黏液来牵绊我，
喷嚏、咳嗽、说话，与呼吸又来驱逐我，
沿途的淋巴腺满布着白血球突来捕捉我。

名师批注

用生动活泼的语言来描述菌儿在呼吸道上的进攻。

我真是无可奈何了。所以在天气好的日子，从咽喉到肺这一条深港是平静无事的，我就偶尔跌进里头去，也没敢多流连呀！

一旦云天变色，气候骤寒，呼吸道上忽然遇着冷风的袭击，我一得了情报，马上就在扁桃腺前，召集所有预伏的菌兵菌将，会师出发，往着肺门进攻。

当那时，全咽喉都震撼了。

名师点拨

灰尘里成分复杂，携带的细菌会致使生物生病，所以为了应对细菌的攻击，哺乳动物大多进化出了专门的抵抗器官——扁桃腺。它也是细菌们行动的路碑和站点，在菌儿进入呼吸道后便开始了奇异的冒险，向肺部进军，每每受挫便回到扁桃腺严阵以待，等到呼进冷气就马上展开新一轮的进攻。

好词佳句

☆ 颠沛流离　风尘仆仆　养精蓄锐　垦殖　曲折蜿蜒　崎岖

☆ 矿物之界，有煤烟的炭灰，有火山的破片，有海浪的盐花，有陨星的碎粒，还有各式矿石的散沙，都随着大风而远扬。

☆ 在都市的热闹场所，我的生意极其兴隆。这儿不但有灰尘代我宣扬，还有痰花口沫的飞溅而助我传播。

☆ 一旦云天变色，气候骤寒，呼吸道上忽然遇着冷风的袭击，我一得了情报，马上就在扁桃腺前，召集所有预伏的菌兵菌将，会师出发，往着肺门进攻。

趣味思考

菌儿把呼吸通道的历险分成了几段，各有什么特点呢？

肺港之役

名师带你读

菌儿和人类战斗已久，比如鼠疫、大水疫等都可以算是它的伟大战绩。然而科学家们却通过不停地研究，终于能够有效防范住各种细菌的进攻了。据菌儿介绍，它还被认为是传染病三原则的标准，这究竟是怎么一回事，三原则又是什么呢？

肺港之役是我的优胜纪录，是我生平最值得纪念的一件轰轰烈烈的大事，是我进攻呼吸道的大胜利。在这胜利的过程中，我几乎征服了全人类，全生物界为之震惊。

虽然，在这之前，我还有许多其他伟大的战绩，但都因布置不周，我作战的秘密，一一都为科学先生所揭穿了。如14世纪横行欧洲的大鼠疫，就是我利用了家鼠与跳蚤成功地攻入了人的皮肤。如扫荡全世界六次的大水疫，就是我勾结苍蝇与粪水成功地攻入了人的肚肠。谁知道自19世纪末期以来，科学先生发明了抵抗我军的战略，从此卫生先进的国家都很严密地防范我，我哪里再敢从这两条战线上大规模地进攻人类呢？鼠疫和水疫打得人类如落花流水，也是我两番光荣的胜利呵，在以后还要详细地追述，这里不过提一提罢了。

名师批注

菌儿以“夸耀”的口吻描述了自己的三大战绩：肺港之役、鼠疫、水役，实则是解释细菌的危害。

至于肺港之役，是我出奇兵以制胜人类，使聪明的人类摸不着防御我的法门，而甘拜下风呀。

自那位胡子科学先生提出了抗菌的口号以来，他的徒子徒孙等相继而起，用着种种奸巧的计策，在各种传染病的病人身上，到处逮捕我。从公元1874年，我有一个淘气的孩子，在麻风病人的身上细嚼他的烂皮肉的时候，突然被一位科学先生捕捉了去，此后 25 年之间，欧洲各处实验室里高燃着无情之火。这正是捕菌运动最紧张的时期，我的家人亲友被囚入玻璃小塔里的真是不计其数。他们（指实验室里的工作人员）用严刑来拷问我，种种异术来威胁我，灌我以药汤，浸我以酸汁，染我以色料，蒸我以热气，无非要迫我现出原形于显微镜之下。

名师批注

“灌”“浸”“染”“蒸”等动词生动准确，将科学家们孜孜不倦、勇于探索的精神鲜明地刻画出来。

更有，所谓传染病的三原则是由一位著名的德国医生所提出的，他们都拿来作为我犯罪的标准。假如，据他们试验观察的结果，我和某种传染病的关系都符合下面所举的三原则，就判定我的罪状，加我以某种传染病的罪名。我菌儿这一群，平时大家都在一起共同生活，有血大家喝，有肉大家吃，不分彼此，不立门户，也不必标新立异地各起名称，大家都是菌儿，都叫作菌儿罢了。这是这一篇自传里我的一贯的主张。而今不幸，多事的科学先生却偏要强将我这一群分门别类，加上许多怪名称，呼唤起来，反而使我觉着怪麻烦的。何况，像我这样多样而又善变的生活方式，若都一一追究出来，我的种类又岂止几千种。这便在命名上不免发生纠纷，成为问题了。

闲话少讲，先谈谈这传染病的三原则吧。

我常听到科学先生说，每一种特殊的传染病，一定都有一种特殊的病菌在作祟，所以他们要认清病菌，寻出正凶，而后才可以下手防御，发出总攻击令，不然则打倒的若不是凶手，凶手却仍在放毒杀人，病仍是不会好的呵。他们似乎又在讲正义了，并不盲目地加害于我的全体。

那么，传染病的凶手是怎样判定的呢？这要看他们如何检查我那个特殊的淘气孩子的行动了。

名师批注

采用总分的结构，将三条原则一一阐述，条理清晰。

他们的第一条原则是：要在每一个得了这特殊的传染病的病者身上，捉到我这行凶的孩子，而且它被捕的地点也应该就是行凶的地点。这就是说，若在其他不相干的地方抓到它，而真正的伤口上反而不能寻获，那证据就有些靠不住了。

我这一群来来往往在人身上做“过客”的很多很多，自然不可以随意指出一个说它是凶手。要在出事的地点常常发现的才是嫌疑犯。

第二个原则是：这凶手要活生生地捉到，并且把它关在玻璃小塔里面，还能养活它，并且还会一代一代地传种传下去，别的菌种都不许混进来，以免有所假冒，以免鱼目混珠，要永远保持那凶手的单独性。若凶手早已死去，或因绝食而自毙，则它的犯罪的情形将何从拷讯？它的真相将何以剖明？

假定凶手是活擒到了，它也能在外界继续地生长，独囚一室，不和异种相混，然而也不能就此判定它是这病的主犯，有时也许是抓错了，也许它不过是帮凶而已，而正凶反而被逃脱。怎么办呢？那就要用第三条原则来决定了。

第三条原则是：动物试验。拿弱小的动物作为牺牲品，把那有嫌疑的菌犯注射进这些小动物的体内去，如果它们也发生同样的病状，那就是这特殊传染病的正凶之铁证，不能再狡赖了。

我在旁听了之后，不禁叹服这位科学先生的神明，他能这样精巧地定计破贼，真是科学公堂上的包拯呵！然而，这使我为着那一批专和人类作对的蛮孩子担心了。

科学先生的狡计虽然厉害，我攻人的计划几乎一一都为他们所破坏了。但是，强中还有强中手，我家里有三个小英雄，就不为他们的严刑所恫吓，就不受这传染病的三原则所审理。肺港之役，我连战皆捷，就是这三位小英雄安排好的巧计，真是难倒了科学先生，他们至今还没有法子可以破除。

这三位我的小英雄，科学先生已给它们定下了传染病的罪名了。

第一名，他们说它是猩红热的正凶，叫它作溶血链球菌。

第二名，他们说它是肺炎的主犯，称它作肺炎双球菌。

第三名，他们说它是流行性感冒的祸首，唤它作流行性感冒杆菌。

名师批注

将三种危害最严重的病菌说成是“小英雄”，这是正话反说。

这他们当然是根据传染病的三原则而建议的。然而，我的这三个孩子的行动并不是这么单纯。它们犯案累累，性质又未必皆相同。如第一名，不仅使人发生猩红热，什么扁桃腺炎、丹毒、产褥热、蜂窝组织炎之类的疾病，也都是由它而起。我这里所谈的肺港之役，就与它有密切的关系……总之，这三位小英雄在侵略人体时，都是随机应变，它们的生活是多方面的。可见这些科学的命名也免不了有些牵强附会了。我们切不可认真，认真了就有以名害实的危险呵。在我的自传里，提起孩子的名称这还是第一遭，所以特地声明一下。

我这三位小英雄，都是最爱吃血的微生物。为了要吃血，它们奋不顾身地往肺港里冲。它们又恐怕遭敌人的暗算，所以常是前呼后应地结成联合阵线，胜则同进，败则同退，不但白血球应接不暇，就是科学先生前来缉凶的时候也迷惑了，弄不清楚哪一个是真正的凶手呀。

当我在扁桃腺前会师出发，往肺门进攻的时候，一路上遇到不少的挫折，我的其他孩子们都在半途战死，独有这三位小英雄，在这肺港里横冲直撞，所向无敌。

肺港是一个曲折的深渊，前半段，从咽喉的门户到肺叶的边界，是呼吸道的里湾，肺叶以内分为无数肺泡，这些肺泡便是呼吸道的终点。

我进了肺港之后，若不遇到阻挡，就一直往下滚，滚过了支气管，然后是小支气管，再后是最小支气管。它们像树枝一般渐渐地小下去，渐渐地展开，我也顺着那树枝的形状快快地蔓延起来。一进了肺叶，那管口愈分愈细了。穿过了一段甬道似的肺泡小管，便是空气洞，再进则为空气房，空气洞与空气房合一起便是一个肺泡。新旧的空气就在这儿交换。所以我在途中前后都有大风，冷风推我前进，热风迫我后退。

在肺泡的壁上，满布着血川的支流。心房如大海，血管似江河，血川就算是微血管的化名了。在这儿，我看见污血和新血的交流，我看见血球在跳跃，血水在汹涌澎湃，我细胞的饿火燃烧起来了。

全肺所有肺泡的面积，胀得满满的时候，约有 90 平方米，这比全皮肤的面积还大了 100 倍。因此在这儿，血川的流域甚广甚长，况且肺泡的墙壁又是那么薄弱，那壁上细胞的纤毛这儿又都已不见了。到了这里，血川是极容易攻陷的，我吃血是很方便的事了。

为了吃血的方便，我这三个爱吃血的孩子就常常深入肺泡，强占肺房，放毒纵兵，轰炸细胞，冲破血管，与白血球恶战，与抗毒体肉搏，闹得人肺发硬生病流血出脓，而演成人身的三大病变——伤风、流行性感冒、支气管肺炎——一次比一次紧张，一回较一回危急。

伤风是我的小胜，流行性感冒是我的大胜，支气管肺炎是我的全胜。

在人生的旅途中，谁个不得过几次或轻或重的伤风呢？在流行性感冒大流行的时期，三人行必有一人被传染，尤其是在 1918 年至 1919 年那一次，全世界都发生了流行性感冒的恐慌，我的声势之大真是亘古所未有。几个月之间，人类之被害者，比欧战 4 年死亡的总数还要多。至于支气管肺炎，那更是人人所难逃免的病劫。人到临终的前夕，他的肺都异常虚弱，我的菌众竞来争食，因而他的最后一次的呼吸，往

名师批注

将“肺”比喻成大树，形象贴切，便于理解。

名师批注

详尽描述了伤风、流行性感冒、支气管肺炎的发病原理，语言精练，详略得当。

往是被支气管肺炎所割断了。这可见我在肺港之役的胜利，是一个伟大而普遍的胜利。人类是无可奈何了。

伤风是人类司空见惯的病了，多不以为意。流行性感冒，你们中国人有时叫它作重伤风。那支气管炎也就可以说是伤风达到最严重的阶段了。他们都只怪风爷的不好，空气的腐败，却哪里知道有我，有我这三个在肺港里称霸的孩子在侵害。

我这三个孩子当中，尤以那被称为流行性感冒杆菌的最为英勇。它在肺港之役是我的开路先锋。它先冲进肺泡里，到了血川之旁去散毒。它并不直接杀人，也不到血液里去游泳，而它的毒素不尽地流到血液里，会使人身的抵抗力减弱。它却留着刽子手的勾当，给我那后来的两个孩子做。

于是，在伤风病人的鼻咽里，科学先生最常发现它；在流行性感冒病人的痰里，仍常寻得见它；在支气管炎病人的血脓里，则寻见的不是它，只剩下我那两个孩子——肺炎双球菌和溶血链球菌了。

所以，伤风不会杀人，流行性感冒也不会杀人，然而它们却往往造成了杀人的局势，而把死刑的执行交给支气管肺炎了。

科学先生当初以为我那孩子是流行性感冒唯一的凶手，因此加它以这样一个沉重的罪名。后来因为它的罪证并不完全，在传染病的三原则上很难通过，就减轻了它的罪，判它为流行性感冒的第二凶手，而把第一凶手的嫌疑，疑惑到比我还要小几千百倍的微生物，所谓“超显微镜的生物”之类的身上了。

科学先生感到这肺港里的三大病变的复杂性了。这使他们的免疫苗的防御不中用，血清的抵抗不见效，预防乏术，治疗亦无方法。科学先生也无可奈何了。

自从科学之军崛起，我在其他方面进攻人类都节节败退，独有肺港之役，我获得最大的胜利。这是我那三个小英雄之功。

将来的发展如何，我不知道，但因为我在人身有极重大的经济利益，我始终要求人类承认我在肺港的特殊地位，承认我的侵略权。

肺港里还有其他的纠纷事件，如肺痨、百日咳、大叶肺炎、肺鼠疫，如此之类，以及要封锁港口的白喉，那都因为性质不大同，都不在此详述了。

名师点拨

菌儿在宣传自己的“众多战役”时生动浅显地向我们讲解了所谓的“传染病三原则”，同时还“引荐”了三个参与肺港战役的重要帮手。这三个帮手不仅不受三原则的制约，还各有特点本领高强，连聪明的科学家都无可奈何。接下来读者紧跟着菌儿的独特视角进入肺港，这不仅让我们对器官肺有了更直观的了解，还有助于我们弄清感冒等疾病的病理。这一番长途旅行实在是令读者朋友们受益匪浅！

好词佳句

☆ 甘拜下风　鱼目混珠　牵强附会　司空见惯

☆ 他们（指实验室里的工作人员）用严刑来拷问我，种种异术来威胁我，灌我以药汤，浸我以酸汁，染我以色料，蒸我以热气，无非要迫我现出原形于显微镜之下。

趣味思考

请你试着用科学语言复述“传染病三原则”的大致内容。

食道的占领

名师带你读

走遍天下食道的菌儿，阅历丰富的它最终认为人类的肚肠是天堂，有吃不尽的食粮。尽管菌儿在人的食道里可谓是一路吃一路走，但还是需要过五关斩六将。这一路上菌儿克服了哪些困难？

名师批注

说明地球上各种生物之间存在着生物链，维持着基本的平衡。

食的问题真够复杂而矛盾了。

除了无情的水、无情的空气、无情的矿盐之外，一切生命的原料，都是有情的东西，都是有机体，都是各种生物的肉身。

地球上各种生物，都有吃东西的资格，也都有被吃的危险。不但大的要吃小的，小的也要吃大的。不但人类要宰鸡杀羊，寄生虫也要拿人血人肉来充饥。这不是复仇、不是报应，这是生物界的一贯政策，生存竞争。

在生物界中，我是顶小顶小的生物，我要吃顶大顶大的东西。不，我什么东西都要吃，只要它不毒死我。一切大大小小的生物，都是我吃的对象。因此，我认为我谋食最方便的途径，就是到动物的食道上去追寻。我渺小的身体，哪一种动物的食道去不得？

为了食的追求，我曾走遍天下大小动物的食道。在平时，我和食道的老板，都能相安无事。我吃我的，它消化它的。有时，我的吃，还能帮助它的消化呢。牛羊之类吃草的动物，它们的肚肠里若没有我在帮助它们吃，那些生硬的草、生硬的纤维素，就不易消化呵。

但是，有些动物的食道，我是不大愿意去走的。蝎儿的肠腔我怕它太阴毒，某种蠕虫儿的肚子我嫌它太狭窄。北极的白熊，印度的蝙蝠，它们的食道上，我也很少去光顾，这我是受不了不良环境与气候的威胁呀！

我到处奔走求食，我在食道上有深久的阅历，我以为环境最优良、最丰腴的食道，要推举人类的肚肠了。这在前面我已宣扬过了：

人类的肚肠，是我的天堂，
那儿没有干焦冻饿的恐慌，
那儿有吃不尽的食粮。

人类这东西，也是最贪吃的生物，他的肚子，就是弱小动植物的坟墓，生物到了他的口里，都早已一命呜呼了。独有我菌儿这一群，能偷偷地渡过他的胃汁，于是他肠子里的积蓄，就变成我的粮仓食库了。在消化过程中的菜饭鱼肉，就变成为我的沿途食摊了。在这条大道上，我一路吃，一路走，冲过了一关又一关，途中风光景物，真是美不胜收，几乎到处都拥挤不堪，我真可谓一路饱尝人体中的美味了。虽然，我有时也曾厌倦了这种贵族式的油腻的生活，就巴不得早点溜出肛门之外呀。

然而，在平时，我的大部分菌众，始终都认为人类的肠腑是我最美满的乐土，尤其是在这人类称霸的时代，地球上的食粮尽归他所统治，他的食道，实在是食物的大市场、食物的王国呵。我若离开他的身体再到别的地方去谋生，那最终是要使我失望的呵。

这种道理，我的菌众似乎都很明白，因此，不论远近，只要有机可乘，我就一跃而登人类的大口。这是占领食道的

名师批注

细菌虽然喜欢在食道中生存，但并非所有动物的肠腔都适合它生存。

先声。

在他的大口里，就有不少的食物的渣滓皮屑，都是已死去的动植物的细胞和细胞的附属品，在齿缝舌底之间填积着，可供我浅斟慢酌，我也可以兴旺一时了。然而，我在大口里，老是站不住脚。口津如温泉一般地滚流不息，强盛的血液又使我战栗，吞食的动作又把我卷入食管里面去了。不然的话，我一旦得势，攻陷了黏膜，那张堂皇的大口，就要臭烂出脓了。

名师批注

口津、胃液都是抵抗细菌繁殖的有力武器。

到了食管，顺着食管动荡的力量，长驱直入，我的先头部队，早已抵近胃的边岸了。扑通一声，我堕入黑洞洞、热滚滚、酸溜溜、毒辣辣的胃汁的深渊里去了。不幸，我的大部分菌众都白白地浸死了。剩下了少数顽强的分子，它们有油滑的荚膜披体，有坚实的芽孢护身，一冲都冲过了这食道上最险恶的难关，安然到达胃的彼岸了。

有的人，胃的内部受了压迫，酿成了胃细胞怠工的风潮，胃汁的产量不足，酸度太淡，消化力不够强，我是不怕他的了，就是从来渡不过胃河的菌众，现在也都踉跄地过去了。

有的时候，胃壁上陡地长出一个团团的怪东西，是一种畸形的、多余的发育。科学先生给它一个特殊的名称叫作“癌”。“癌”，这不中用的细胞的大结合，我就毫不客气地占领了它，作为我攻人的特务机关了。

一越过了有皱纹的胃的幽门，食道上的景色就要一变，变成了重重叠叠的、有“绒毛”的小肠的景色了。酸酸的胃汁流到了这里，就渐渐地减退了它的酸性。同时，黄黄的胆汁自肝来，清清的胰汁自胰腺来，黏黏的肠汁自肠腺里涌出，这些人体里的液汁，都有调剂酸性的本能。经过了胃的一番消化作用的食物，一到小肠，就渐渐成为中性的食物了。中性是由酸入碱必经的一个段落。在这个段落里，我就敢放开吃了。

不过，我还有所顾忌，就是那些食物身上还蕴蓄着不少的“缓冲的酸性”，随时都会发生动摇，而把大好的小肠，又有变成酸溜溜的可能。所以在小肠里，我的菌众仍是不肯长久居留，我仍是不大得意的呵！

蠕动的小肠，依照它在食道上的形势，和它的绒毛的式样，可分为三大段。第一段是十二指肠，全段只有十二个指头并排在一起的那么长，紧接着是胃的幽门。第二段是空肠，食物运到这里，是随到随空的，不是被肠膜所吸收，就是急促地向下推移。第三段是回肠，它的蜿蜒曲折千回百转的路途，急煞了混在食物里面的我，我的行动是受了影响的，而同时食物的大部分珍贵的滋养料，也就在这里，都被肠壁的细胞提走了。

名师批注

小肠是食物消化和吸收的主要场所。它由三个部分组成，分别是十二指肠、空肠、回肠。

我辛辛苦苦地在小肠的道上，一段一段地推进，一步一步我的胆子壮起来了。不料刚刚走到了环境的酸性全都消失的地方，好吃的东西，出其不意的，又都被人体的细胞抢去吃了。我深恨那肠壁四周的细胞。

小肠的曲折，到了盲肠的界口就终止了。盲肠是大肠的起点。在盲肠的小角落里，我发现了一条小小的死巷堂，是一条尾巴似的突出的东西，食物偶尔堕落进去，就不得出来。我也常常占领了它作为攻人的战壕，因此人身上就发生了盲肠炎的恐慌。

到了大肠了。大肠是一条没有绒毛的平坦大道，在人的腹部里面绕了一个大弯。已经被小肠榨取去精华的食物，到了这里，只配叫作食渣了。这食渣的运输极其迟缓，愈积愈多，拥挤得几乎透不过气。我伏在这食渣上，顺着大肠的趋势，慢慢儿往上升，慢慢儿横着走，慢慢儿向下降，过了乙状结肠，到了直肠，这是食道上最后的一站，就望见肛门之口，别有一番天地了。

食渣一到了大肠的最后一段，一切可供为养料的东西，都已被肠膜的细胞和我的菌众洗劫一空了，所剩下的只是我

无数万菌众的尸身和不能消化的残余物，再染上胆汁之类的彩色，简直只配叫作屎丁。“屎”这不雅的名称，倒有一点写实的意思呀。

多事的科学先生，曾费了一番苦心去研究屎的内容，他们发现了屎的总量的1/4至1/3都是尸，尸就是指我而言。据说，我的菌群，从成人的肛门口所逃出的，每天总有8克重量的我。真不算少，估计起来，约有128000000000000000000之多的菌尸。128之后，又拖上了18个零，这数字是多么惊人。由此可以想象大肠里的情形是如何热闹了。

然而，在十二指肠的时候，我从死海里逃生。我的神志，犹昏昏沉沉；我的菌数，殆寥寥无几。这些大肠里异常热闹的菌众，当然是到了大肠之后才繁殖出来的。我的先头部队，只需在每一群中，各选出几位有力的代表，做开路的先锋，以后就可以生生世世坐在肠腔里传子传孙了。

在我的先头部队之中，最先踏进肠口的，是我的一个最可疼的孩子。它是不怕酸的一员健将，它顶顶爱吃的东西就是乳酸。它常在乳峰里鬼混，它混在乳汁里面悄悄地冲进婴儿的食道里来了。在婴儿寂寞的肠腔里，感到孤独悲哀而呻吟的，就是它。它还有一位性情相近的兄弟，那是从牛奶房里来的，也老早就到“人山”

的食道上了。

在婴儿没有断乳以前的肠腔，这两弟兄是出了十足的风头，红极一时的。婴儿一断了乳，四方的菌众都纷纷而至，要求它俩让出地盘。它们一失了势，从此就沉默下去了。

这些后来的菌众之中，最值得注意的，是我的两个最出色的孩子，这两个都是爱吃糖的孩子。它们吃了糖之后，就会使那糖发酵。发酵是我菌儿特有的技能。为了发酵，不知惹出了多少闲气来，这是后话不提了。

这两个孩子，一个就是鼎鼎大名的“大肠杆菌”，看它的名字，就晓得它的来历。它的足迹走遍了天下动物的肚肠，只有鱼儿蛤儿之类冷血动物的肠腔，它似乎住不惯。科学先生曾举它做粪的代表，它在哪儿，哪儿便有沾了粪的嫌疑了。

那另一个，也有游历全世界肚肠的经验。它身上是有芽孢的，它的行旅是更顺利了。不过，它有一种怪脾气，好在黑暗没有空气的角落里过日子，有新鲜空气的地方，反而不能生存下去。这是“厌气菌”的特色。肚肠里的环境，恰恰适合了这种奇怪的生活条件。

我的孩子们有这一种怪脾气的很多，还有一个，也在肚肠里谋生。它很淘气，常害人得“破伤风”的大病，在肠腔里，它却不作怪。你们中国北平工人的肠腔里，就收留了不少它的芽孢。这大概是由于劳苦的工人多和土壤接近的吧！我的这个孩子本来是伏在土壤里面。尤其是在北平，大风刮起漫天的尘沙，人力车夫张着大口喘息不定地在奔跑，它的机会就来了。

其实，我要攀登“人山”上食道的机会，真多着哪！哪一条食道不是完全公开的呢？我的孩子们，谁有不怕酸的本领，谁能顽强抵抗人体的攻击，谁就能一堑一堑冲进去了。在这“人山”正忙着过年节的当儿，我的菌众就更加活跃了。

我虽这样地占领了食道，占领了人类的肚肠，仍逃不过

名师批注

“红极一时”“纷纷而至”“让出地盘”等词表明生物在成长过程中摆脱不掉细菌的侵扰。

名师批注

细菌中对肠腔危害较大的有三个菌种：大肠杆菌、厌气菌和破伤风杆菌。

科学先生灼灼似贼的眼光。有时人们会叫肚子痛，或大吐大泻，于是他们的目光，又都射到我的身上了，又要提我到实验室审问去了。那胡子科学先生的门徒又在作法了，号称天堂的肚肠，也不是我的安乐窝了。哎！我真晦气！

名师点拨

细菌什么都吃，只要毒不死它，大大小小的生物都难逃其口。凭借自身渺小的特性，它把目标放到了生物的食道上，其中尤其以人的肚肠环境最好，最为丰腴，只要一有机会便会溜进去占领地盘。从口腔一路深入，经历食道、胃、肠重重关卡，在这路程中不得不提到菌儿三个特别的孩子，分别是大肠杆菌、厌气菌和破伤风杆菌。把人类的肚肠视为天堂的细菌没高兴多久，又被科学先生给盯上了，这可把菌儿给急坏了。

好词佳句

☆ 丰腴　一命呜呼　美不胜收　浅斟慢酌　鼎鼎大名

☆ 在他的大口里，就有不少的食物的渣滓皮屑，都是已死去的动植物的细胞和细胞的附属品，在齿缝舌底之间填积着，可供我浅斟慢酌，我也可以兴旺一时了。

趣味思考

见多识广的细菌为什么首推人的食道？

肠腔里的会议

名师带你读

菌众在肠腔里召开会议，来参会的竟有八大菌群。菌儿一一向我们介绍各菌群的大名和特点，可谓是千奇百怪，大受震撼。接下来就让我们一起走进细菌的世界，见识一下菌界的八大菌众吧。

崎岖的食道，纷乱的肠腔，
我饱尝了“糖类”和“蛋白质”的滋味。
我看着我的孩子们，一群又一群，
齐来到幽门之内，开了一个盛大的会议，
有的鼓起芽孢，有的舞着鞭毛，
尽情地欢宴，
尽量地欢宴。
天晓得，乐极悲来，好事多磨，
突然伸来科学先生的怪手，
我又被囚入玻璃小塔了；
无情之火烧，毒辣之汁浇，
我的菌众一一都遭难了。
烧就烧，浇就浇，我是始终不屈服！
他的手段高，我的菌众多，我是永远不屈服！
这肠腔里的会议是值得纪念的。
这肠腔里的“菌才”是济济一堂的。

名师批注

继续采用诗歌的形式进行叙述，这也是作者常用的行文方式之一，气势恢宏，文采斐然。

从寂寞婴儿的肠腔，变成热闹成人的肠腔，我的孩子们，先先后后来到此间的一共有八大群，我现在一群一群地来介绍一下吧。

俨然以大肠的主人翁自居的“大肠杆菌”；酸溜溜从乳峰之口奔下来的“乳酸杆菌”；以不要现成的氧气为生存条件的“厌气杆菌”；这三群孩子我在前面的章节已经提到，这里就不再啰唆了。其他的五大群呢？其他的五大群也曾在肠腔里兴旺过一时。

第四群，是“链球儿”那一房所出的，它的身子如同圆圆的小球儿似的，有时成串，有时成双，有时单独地出现。科学先生看见它，吃了一惊，后来知道它在肚子里并不作怪，就给它起了一个绰号，叫作“吃屎链球菌”。“链球菌”这三字多么威风！这是承认它是肺港之役中曾出过风头的“吃血链球菌”的小兄弟了。而今乃冠之以吃屎，是笑它的不中用，只配吃屎了。我这群可怜的孩子，是给科学先生所侮辱了。然而这倒可以反映出它在肠腔里的地位呵！

（笔记先生按：最近国民政府有一位姓朱的大将军，据说因为打补血针的时候不小心，血液中毒，得了败血症而死了。那闯进他的血管里面，屠杀他的血球

的凶手，就是那著名的“吃血链球菌”呀！而那吸血的“链球菌”，它有时也曾被吞到肚子里去，不过，肚子里的环境是不容许它有什么暴动的，所以在肚子里它反不如它的小兄弟——“吃屎链球菌”那样活跃。这在菌儿它是不好意思直说出来的啊。）

名师批注

插入一个小故事来进一步阐明两种链球菌之间的异同。

第五群，是“化腐杆儿”那一房所出的，它的小棒儿似的身体，蛮像“大肠杆菌”，不过，它有时变为粗短，有时变为细长，因此科学先生称它作“变形杆菌”。

它浑身都是鞭毛，因此它的行动极其迅速而活泼。它好在阴沟粪土里盘桓，一切不干净的空气，不漂亮的水，常有它的踪迹。它爱吃的尽是些腐肉烂尸及一切腐败的蛋白质，它真是腐体寄生物中的小霸王。它在哪儿发现，哪儿便有臭腐的嫌疑。它闻到了这肠腔里臭味冲天，料到这儿有不少腐烂的蛋白质在堆积着，因此它就混在剩余的肉汤菜渣里滚进来了。

在肠腔里，它虽能安静地干它化解腐物的工作，但它所化解出来的东西，往往含有一点儿毒质，而使肠膜的细胞感到不安。科学先生怀疑它和胃肠炎的案件有关，因此它就屡次被捕了。如今这案件还在争讼不已，真是我这孩子的不幸。

第六群，是“芽孢杆儿”那一房所出，也是小棒儿似的样子。它的头上却长出一颗坚实的芽孢。它很有耐心，行动飞快。它的地盘也很大，乡村的土壤和城市的空气中，都寻得着它。它爱喝的是咸水，爱吃的是枯草烂叶。它也是有名的腐体寄生物，不过它多数寄生在植物的身上，因此科学先生呼它作枯草杆菌。它大概是闻知了这肠腔里有青菜萝卜的气味，就紧抱着它的芽孢，而飘来这里借宿了。有那样坚实的芽孢，胃汁很难浸死它，它这一群冲进幽门的着实不少呵。

名师批注

采用白描的写作手法，让读者对菌群外观有较为直观的感受。

在新鲜的粪汁里，科学先生常发现一大堆它的芽孢。它又常到实验室里去偷吃玻璃小塔中的食粮，因此实验室里的掌柜们都十分讨厌它。但因为它毕竟是和平柔顺的分子，在大人先生的肚子里并没有闹过乱子，科学先生待它也特别宽容，不常加以逮捕。这真是这吃素的孩子的大幸。

第七群，是“螺旋儿”那一房所出。它的态度有点不明，而使科学先生狐疑不定。它一被科学先生捉了去，就坚决地绝食以反抗，所以那玻璃小塔里，是很难养活它的。后来还亏东方木屐国有一位什么博士，用活肉活血来请它吃，它的真相乃得以大明。它的像螺丝钉一般的身儿，弯了一弯又一弯，真是在高等动物的温暖而肥美的血肉里娇养惯了，一旦被人家拖出来，才会那样难养。大概我的孩子们过惯了人体舒适的生活的，都有这样古怪的脾气，而这脾气在螺旋儿这一群，是显得格外厉害的了。

名师批注

阐述螺旋体具有不同于其他细菌的特点。

虽然，我这螺旋儿，有时候因为寻不着适当的人体公寓，暂在昆虫小客栈里借宿，以昆虫为“中间宿主”。在形态上、在性格上本来已经有“原动物”的嫌疑的它，更有什么中间宿主这秘密的勾当，愈发使科学先生不肯相信它是我菌儿的后裔了。于是就有人居中调停了，叫它作“螺旋体”，说它是生物界的中立派，跨在动植物两界之间吧。这些都是科学先生的事，我何必去管。

我只晓得，它和我的其他各群孩子们过从甚密。在口腔里、在牙龈上、在舌底下，我们都时常会见过。在肠腔里，我们也都在一块儿住、一块儿吃，它也服服帖帖的并不出奇生事。要等它溜进血川血河里，这才大显其身手，它原是血水的强盗。不过它还有一所秘密的巢窝，是人们所讳言的神秘之窟。其实，那有什么了不起呢？我一生成功的秘诀，就在生殖得快而且多呀！正因为人类的生殖器，多为庄严的礼教所软禁，迫得愚夫愚妇铤而走险，这才闹出花柳病的案子、花柳病的乱子了。于是人类生殖器便成为这螺旋儿的势力区了，不然，它也只好平心静气地伏在肠腔里养老呀。

第八群，是“酵儿”和“霉儿”。它们并不是我自己的孩子，而是我的大房二房兄弟所出的，算起来还是我的侄儿哩。它们都是制酒发酵的专家。不过它们也时常到人类肚子里来游历，所以在这肠腔里集会的时候，它们也列席了。

名师批注

酵菌跟霉菌有着共同的特点：由于都含有强烈的酵素，能使有机体内部发生变化，所以将其归到一类一起介绍。

那酵儿在我族里算是较大的个子，它那像小山芋似的胖胖的身儿是很容易认得的。它的老家是土壤，它常伏在马蜂、蜜蜂之类的昆虫的脚下飞游，有时被这些昆虫带到了葡萄之类的果皮上。它就在那儿繁殖起来，那葡萄就会变酸了，它也就是从这酸葡萄、酸茶之类的食物滚进人身的口洞里来了。酒桶里没有它，酒就造不成，这在中国的古人早就知道了，不过看不出它是活生生的生物罢了。它的种类也很多，所造出来的酒也各不相同。法国的酒商曾为这事情闹到了胡子科学先生的面前。

那霉儿，它的身子像游丝似的，几个、十几个细胞连在一起。它是无所不吃的生物，它的生殖力又极强，气候的寒热干湿它都能忍耐过去，尤其是在四五月之间毛毛雨的天气里，它最盛行了。因此它的地盘之大，我们的菌众都比不上它。它有强烈的酵素，它所到的地方，一切有机体的内部都会起变化，人类的衣服、家具、食品等东西都是给它毁损了。然而它的发酵作用并不完全有害，人类有许多工业都靠着它来维持哩。

关于这两群孩子的事实还很多，将来也要请笔记先生替它们立传，我这里不过附带声明一声罢了。

以上所说的八大群的菌众，先后都赶到大肠里集会了。

“乳酸杆儿”是吃糖产酸那一房的代表。

“大肠杆儿”是在肠子里淘气的那一房的代表。

“厌气杆儿”是讨厌氧气那一房的代表。

“吃屎链球儿”是球族那一房的代表。

“变形杆儿”是吃死肉那一房的代表。

名师批注

对上文描述的各种菌类进行“一句话”概括，语言精练，结构上形成排比。

“芽孢杆儿”是吃枯草烂叶那一房的代表。

“螺旋儿”是螺旋那一房的代表。

“酵儿”和“霉儿”是发酵造酒那两房的代表。

这八群虽然不足以代表大肠的全体菌众，但是它们是大肠里最活跃最显著最有势力的分子了。

在前几章的自传里，我并没有谈到我自己的形态，在本章里我也只略略地提出。那是因为你们没有福气看到显微镜的大众，总没有机会会见我，我就是描写得非常精细，你们的脑袋里也不会得到深刻的印象呵。在这里，你们只需记得我的三种外表的轮廓就得了：就是球形、杆形和螺旋形三种。

还有芽孢、荚膜、鞭毛也是我身上的特点，这里我也不必详细去谈它。

然而，我认为你们应当格外注意的，就是我在大肠里面是怎样的吃法，这是和你们的身体很有利害关系呵。

我这八群的孩子，它们的食癖，总说起来可分为两大党派：一派是吃糖，糖就是碳水化合物的代表；一派是吃肉，肉是蛋白质的代表。

它们吃了糖就会使那糖发酵变酸。

它们吃了肉就会使那肉化腐变臭。

这酸与臭就是我的生理化学上的两大作用呀。

然而大肠里蛋白质与碳水化合物的分布是极不平均的。和尚尼姑的大肠里大

约是糖多，阔佬富翁的大肠里大约是肉多。

糖多，我的爱吃糖的孩子们，如乳酸杆儿之群，就可以勃兴了。

肉多，我的爱吃肉的孩子们，如变形杆儿之群，就可以繁盛了。

乳酸杆儿勃兴的时候，是对你们大人先生的健康有益的，因为它吃了糖就会产出大量的酸。在酸汁浸润的肠腔里，吃肉的菌众是永远不会得志的，而且就是我那一群淘气的野孩子们，偶尔闯进来，也会立刻被酸所扫灭了。所以在乳酸杆儿极度繁荣的肠腔里，人身上是不会发生伤寒病之类的乱子。所以今天的科学医生常利用它来治疗伤寒。

伤寒的确是你们人类极可怕的一种肠胃的传染病，是我的一群凶恶的野孩子在作祟。这野孩子就是大肠杆儿那一房所出的。在烂鱼烂肉那些腐败的蛋白质的环境里，它就极容易发作起来。害人得痢疾的野孩子也是这一房所出的。害人得急性胃肠病的也是这一房所出的。它们都希望有大量的肉渣鱼屑，从胃的幽门运进来。还有霍乱那极淘气的孩子，也是这样的脾气。霍乱、痢疾、伤寒这三个难兄难弟和你们中国人是很有来往的，我不高兴去多谈它们了。

名师批注

重点阐述霍乱、痢疾、伤寒三种病菌的发作原理。这三种病曾严重威胁中国人的健康，要多加防范。

就是这些野孩子不在肠腔里的时候，如果肠腔里的蛋白质堆积得过多，别的菌众也会因吃得过火，而使那些蛋白质化解成为毒质。

专会化解蛋白质成为毒质的，要算是著名的“腊肠毒杆儿”了，这杆儿是我的厌气那一房孩子所出的。这些厌气的孩子们，身上也都带着坚实的芽孢，既不怕热力的攻击，又不怕酸汁的浸润，很容易就给它溜进肠腔里来了。

那八大群的菌众是肠腔会议中经常出席的，这些淘气的野孩子们是偶尔进来列席旁听的。我们所讨论的议案是什么？那是要严守秘密的呵！

不幸，这些秘密都被胡子科学先生的徒子徒孙们一点一点地查出来了。

于是这八大群的孩子们、淘气的野孩子们，以及其他的菌众一个个都锒铛锒铛地入狱，被拘留在玻璃小塔里面了。

这在科学先生是要研究出对付我们的圆满的办法呵。

名师点拨

本章以气势恢宏的叙事诗开篇，本来是严肃的，但内容却让人啼笑皆非。菌儿用诗的形式自然地引出八大群，并对其进行了高度概括，还悉心向我们讲解如何分门别类。可怜的菌儿，科学家们为了研究出圆满的方法对付它们，秘密的腔肠会议都被科学家们发现，个个也被拘留进了玻璃小塔里。

好词佳句

☆ 济济一堂　铤而走险　平心静气　锒铛

☆ 我看着我的孩子们，一群又一群，齐来到幽门之内，开了一个盛大的会议，有的鼓起芽孢，有的舞着鞭毛，尽情地欢宴，尽量地欢宴。

☆ 虽然，我这螺旋儿，有时候因为寻不着适当的人体公寓，暂在昆虫小客栈里借宿，以昆虫为“中间宿主”。

趣味思考

八大群分别是什么细菌？被分为哪两类？

清除腐物

名师带你读

一提起菌儿的怪名，人们竟然“怨天尤人”起来，原来是因为人们错误地认为细菌和人类一定是势不两立的。于是，菌儿只好借本章节的机会申冤，它究竟有什么苦衷呢？

真想不到，我现在竟在这里，受实验室的活罪。
科学的刑具架在我的身上，
显微镜的怪光照得我浑身通亮；
蒸锅里的热气烫得我发昏，
毒辣的药汁使我的细胞起了溃伤；
亮晶晶的玻璃小塔里虽有新鲜的食粮，
那终究要变成我生命的屠宰场。
从冰箱到暖室，从暖室又被送进冰箱，
三天一审，五天一问，
侦查出我在外界怎样地活动，
揭发了我在人间行凶的真相。
于是科学先生指天画地地公布我的罪状，
口口声声大骂我这微生物太荒唐，
自私的人类，都在诅咒我的灭亡，
一提起我的怪名，
他们不是怨天，就是尤人（这人是指我）！

名师批注

开篇提出人们认为“所有细菌都是有害”的观点过于片面。

“怨天”就是说：“天既生人，为什么又生出这鬼鬼祟祟的细菌，暗地里在谋害人命？”

“尤人”就是说：“细菌这可恶的小东西，和我们势不两立，恨不得将天下的细菌一网打尽！”

这些近视眼的科学先生，和盲目的人类大众，都以为我的生存是专跟他们作对似的，其实我哪里有这等疯狂？

他们抽出片断的事实，抹杀了我全部的本相。

我真是有冤难申，我微弱的呼声进不了大人先生的耳门。

现在亏了有这位笔记先生，自愿替我立传，我才得以向全世界的人民将我的苦衷宣扬。

我菌儿真的和人类势不两立吗？这一问未免使我的小胞心有点辛酸！

天哪！我哪里有这样的狠心肠，人类对我竟生出这样严重的恶感。

在生存竞争的过程中，哪个生物没有越轨的举动？人类不也在宰鸡杀羊，折花砍木，残杀了无数动物的生命，伤害了无数植物的健康。而今那些传染病爆发的事件，也不过是我那一群号称“毒菌”的野孩子们，偶尔为着争食而突起的暴动罢了。

正和人群中之有帝国主义者，兽群中之有猛虎毒蛇，我菌群中也有了这狠毒的病菌。它们都是横暴的侵略者，残酷的杀戮者，集体安全的阴险的破坏者，真是丢尽了生物界的面子！闹得地球不太平！

名师批注

拿人群中的帝国主义者和兽群中的猛虎毒蛇来类比细菌中对人类有害的菌群，说明细菌也和其他族群一样，有有害的成员，也有有益的成员。

我那一群野孩子们粗暴的行为虽时常使人类陷入深沉的苦痛，这毕竟是我族中少数不良分子的丑行，败坏了我的名声。老实说这并不是我完全的罪过呵！我菌众并不都是这么凶呀！

我那长年流落的生活，踏遍了现在世界一切污浊的地方，在臭秽中求生存，在潮湿处传子孙，与卑贱下流的东西为伍，忍受着那冬天的冰雪，被困于那燥热的太阳，无非是要执行我在宇宙间的神圣职务。

我本是土壤里的劳动者，大地上的清道夫。我除污秽，解固体，变废物为有用。

名师批注

一句话总结细菌的有益之处。

有人说：我也就是废物的一分子，那真是他的大错，他对于事实的蒙昧了。

我飞来飘去，虽常和腐肉烂尸枯草朽木之类混居杂处，但我并不同流合污，不做废物的傀儡，而是它们的主宰，我是负有清除它们的使命呵！

喂！自命不凡的人类呵！不要藐视了我这低级的使命吧！这世界是集体经营的世界！不是上帝或任何独裁者所能一手包办的！地球的繁荣是靠着我们全体生物界的努力！我们无贵无贱的都要共同合作的呵！

在生物界的分工合作中，我菌儿微弱的单细胞所尽的薄力，虽只有看不见的一点一滴，然而我集合无限量的菌众，挥起伟大的团结力量，也能移山倒海，也能呼风唤雨呀！

我移的是土壤之山，
我倒的是废物之海，
我呼的是酵素之风，
我唤的是氮气之雨。

我悄悄地伏在土壤里工作，已经历过数不清的年头了。我化解了废物，充实了土壤的内容，植物不断地向它榨取原料，而它仍能源源不断地供给不竭，这还不是我的功绩吗？

我怎样地化解废物呢？

我有发酵的本领，我有分解蛋白质的技能，我又有溶解脂肪的特长呵。

在自然界的演变途中，旧的不断地在毁灭，新的不断地从毁灭的余烬中诞生。我的命运也是这样。我的细胞不断地

在毁灭与产生，我是需要向环境索取原料的。这些原料大都是别人家细胞的尸体。人家的细胞虽死，它内容的滋养成分不灭，我深明这一点。但我不能将那死气沉沉的内容，不折不扣地照原样全盘收纳进去。我必须将它的顽固的内容拆散，像拆散一座破旧的高楼，用那残砖断瓦，破栋旧梁，重新改建好几所平房似的。

因此，我在自然界里面，有一大部分的职务，便是整天整夜地坐在生物的尸身上，干那拆散旧细胞的工作。虽然有时我的孩子们因吃得过火，连那附近的活生生的细胞都侵犯了。这是它们的唐突，这也许就是我菌儿所以开罪于人类的原因吧！

那些已死去的生物的细胞，多少总还含点蛋白质、糖类、脂肪、水、无机盐和活力素等六种成分吧。这六种成分，我的小小而孤单的细胞里面，也都需要着，一种也不能缺少。

这六种中间，以水和活力素最容易消失，也最容易吸收，其次就是无机盐，它的分量本来就不多，也不难穿过我的细胞膜。只有那些结构复杂而又坚实的蛋白质、糖类和脂肪等，

名师批注

采用“总—分”的叙事方式，先总体阐述细菌生存的六要素，然后逐一对六要素进行介绍说明，并解释细菌起到的作用。

我才费尽了力气，将它们一点一点地软化下去，一丝一丝地分解出来，变成了简单的物体，然后才能引渡它们过来，作为我新细胞建设与发展的材料了。

是蛋白质吧，它的名目很多，性质各异，我就统统要使它一步一步地返本归元，最后都化成了氨、一氧化氮、硝酸盐、氮、硫化氢、甲烷，乃至于二氧化碳及水，如此之类最简单的化学品了。

这种工作，有个专门名词，叫作“化腐作用”，把已经没有生命的腐败的蛋白质，化解走了。这时候往往有一阵怪难闻的气味，冲进旁观的人的鼻孔里去。

于是那旁观的人就说：“这东西臭了，坏了！”

那正是我化解腐物的工作最有成绩的当儿呵！担任这种工作的主角，都是我那一群“厌气”的孩子们。它们无须氧的帮忙，就在黑暗潮湿的角落里，腐物堆积的地方，大肆活动起来！

是糖类吧，它的式样也有种种，结构也各不同，从生硬的纤维素，顽固的淀粉到较为轻松的乳糖、葡萄糖之类，我也得按部就班地逐渐把它们解放了，变成了酪酸、乳酸、醋酸、蚁酸、二氧化碳及水之类的起码货色了。

是脂肪吧，我就得把它化成甘油和脂酸之类的初级分子了。

蛋白质、糖类和脂肪，这许多复杂的有机物，都是以碳为中心。碳在这里实在是各种化学元素大团结的枢纽。我现在要打散这个大团结，使各元素从碳的链锁中解放出来，重新组织适合于我细胞所需要的小型有机物，这种分解的工作，能使地球上一切腐败的东西，都现出原形，归还了土壤，使土壤的原料无缺。

我生生世世，子子孙孙，都在这方面不断努力着，我所得的酬劳，也只是延续了我种我族的生命而已。而今，我的野孩子们不幸有越轨的举动，竟招惹人类永久的仇恨！我真

名师批注

从人类对细菌化解腐物的争执入手，说明细菌是如何化解腐物的。

抱憾无穷了。

然而有人又要非难我了，说："腐物的化解，也许是'氧化'作用吧！你这小东西连一粒灰尘都抬不起，有什么能力，用什么工具，竟敢冒称这大地上清除腐物的成绩都是你的功劳呢？"19 世纪的科学先生对于这问题，曾闹过一番热烈的论战。

在这里最能了解我的，还是那我素来所憎恨的胡子科学先生。他花了许多年的工夫，埋头苦干地做实验，结果他完全证实了发酵和化腐的过程，并不是什么氧化作用。没有我这一群微生物在活动，发酵是永远发不成功的呵！

我有什么特殊的能力呢？

我的细胞里面有一件微妙的法宝。

这法宝，科学先生叫它作"酵素"，中文的译名有时又叫作"酶"，大约这东西总有点酒或醋的气息吧！

> **名师批注**
>
> "法宝"一词极具趣味性，下文将解释为何称之为法宝。

这法宝，研究生理化学的人，早就知道它的存在了。可惜他们只看出它的活动的影响，看不清它的内容的结构，我的纯粹酵素人们始终不能把它分离出来。因此多疑的科学先生又说它有两种了：一种是有生机的酵素，一种是无生机的酵素。

那无生机的酵素，是指"蛋白酵""淀粉酵"之类那些高等动植物身上所有的分泌物。它们无须要活细胞在旁监视，才能促进化解腐物的工作。因此科学先生就认为它们是没有生机的酵素了。

那有生机的酵素，就是指我的细胞里面所存的这微妙的法宝。在酒桶里、在醋瓮里、在腌菜的锅子里，胡子科学先生的门徒们观察了我的工作成绩，以为这是我的新陈代谢的作用，以为我这发酵的功能是我细胞全部活动的结果，因而以为我菌儿的本身就是一种有生机的酵素了。

我在生理化学的实验室里听到了这些理论，心里怪难受的。

酵素就是酵素，有什么有生的和无生的可分呢。我的酵素也可以从我的细胞内部榨取出来，那榨取出来的东西，和其他动植物体内的酵素原是一类的东西。可酵素总是细胞的产物吧。虽是细胞的产物，它却能离开细胞而自由活动。它的行为有点像化学界的媒婆，它的光顾能促成各种化学分子加速度的结合或分离，而它自己的内容并不起什么变化。

在化学反应的过程中，这酵素永远是站在第三者的地位，保持着自己的本来面目。然而它却不守中立，没有它的参加，化学物质各分子间的关系，不会那样紧张，不会引起很快的突变，它算是有激动化学的变化之功了。

没有酵素在活动，全生物界的进展就要停滞了。尤其是苦了我！它是我随身的法宝。失去它，我的一切工作都不能进行了。

虽然，我也只觉着它有这神妙的作用。我有了它，就像人类有了双手和大脑，任何艰苦的生活，都可以积极地去克服。有了它，蛋白质碰到我就要松，糖类碰到我就要分散，脂肪碰到我就要溶解，都成为很简单的化学品了。有了它，我又能将这些简单的化学品综合起来，成为我自己的胞浆，完成我的新陈代谢工作，实践了我清除腐物的使命。

这样一说，酵素这法宝真是神通广大了。它的内容结构究竟是怎样的呢？这问题，真使科学先生煞费苦心了。

有的说：酵素的本身就是一种蛋白质。

有的说：这是所提取的酵素不纯净，它的身体是被蛋白质所玷污了，它才有蛋白质的嫌疑呀！

又有的说：酵素是一个活动体，拖着一只胶性的尾巴，由于那胶性尾巴的勾结，那活动体才得以发挥它固有的力量呵！

还有的说：酵素的活动是一种电的作用。譬如我吧，我之所以能化解腐物，是由于以我的细胞为中心的“电场”，激发了那腐物基质中的各化学分子，使它们阴阳颠倒，而使

知识链接

化学界的媒婆：指的是催化剂，是在化学反应里能改变其他物质的化学反应速率（既能提高也能降低），而本身的质量和化学性质在化学反应前后都没有发生改变的物质。

名师批注

探索真理的道路曲折复杂，科学家们根据观察到的现象提出假设，小心求证，往往众说纷纭，而且结论常常还会被全部推翻。

它们内部的结构发生了变动。

这真是越说越玄妙了！

本来，清除腐物是一个浩大无比的工程。腐物是五光十色无所不包，因而酵素的性质也就复杂而繁多了。每一种蛋白质、每一种糖类、每一种脂肪，甚至于每一种有机物，都需要特殊的酵素来分解。属于水解作用的，有水解的酵素；属于氧化作用的，有氧化的酵素；属于复位作用的，有复位的酵素。举也举不尽了。这些错综复杂的酵素，自然不是我那一颗孤单的细胞所能兼收并蓄的。这清除腐物的责任，更非我全体菌众团结一致地担负起来不可！

酵素的能力虽大，它的活动却也受了环境的限制。环境中有种种势力都足以阻挠它的工作，甚至于破坏它的完整。

环境的温度就是一种主要的势力。在低温度里，它的工作甚为迟缓，温度一高过70℃，它就很快地感受到威胁而停顿了。由35℃到50℃之间，是它最活跃的时候。虽然，我有一种分解蛋白质的酵素，能短期地经过沸点热力的攻击而不灭，那是酵素中最顽强的一员了。

此外，我的酵素，也怕阳光的照耀，尤其怕阳光中的紫外线，也怕电流的振荡，也怕强酸的浸润，也怕汞、镍、钴、锌、银、金之类的重金属的盐的侵害，也怕……

我不厌其详地叙述酵素的情形，因为它是生物界一大特色，是消化与抵抗作用的武器，是细胞生命的靠山，尤其是我清除腐物的巧妙的工具。

我的一呼一吸一吞一吐，
都靠着那在活动的酵素，
那永远不可磨灭的酵素。
然而，在人类的眼中，它又有反动的嫌疑了。
那溶化病人的血球的溶血素，不也是一种酵素吗？

名师批注

用一系列的反问句、感叹句

那麻木人类神经的毒素，不也是酵素的产物吗？
这固然是酵素的变相，我那一群野孩子是吃得过火，
请莫过于仇恨我，这不是我全体的罪过。
您不见我清除腐物的成绩吗？
我还有变更土壤的功业呢！
这地球的繁荣还少不了我，
我的灭绝将带给全生物界以难言的苦恼，
是绝望的苦恼！

来提醒人类应正确认识细菌的作用，加强语气，提高认识。

名师点拨

菌儿再次用自己的诗句打动了读者，它向人们倾诉衷肠：不是所有的细菌都是谋财害命的坏菌，就像人类中也有坏人一样，那些只是细菌族群中的少数。其实菌儿也是劳动者，通过发酵、分解、溶解等特长进行清理工作，它不厌其详地说明生物六种成分并解释细菌的作用，就是为了告诉我们：细菌也有繁荣地球的功劳，可不能过分仇视，一棍子打死所有“细菌”！

好词佳句

☆ 一网打尽　自命不凡　不折不扣　按部就班　不厌其详

☆ 我本是土壤里的劳动者，大地上的清道夫。我除污秽，解固体，变废物为有用。

☆ 有了它，蛋白质碰到我就要松，糖类碰到我就要分散，脂肪碰到我就要溶解，都成为很简单的化学品了。

趣味思考

菌儿有什么特殊能力？又有什么限制呢？

细菌的衣食住行

名师带你读

即便微小如细菌也和人一样有衣食住行，你说奇不奇特。那么渺小的生物：穿什么？吃什么？住什么？如何行动？实在是令人费解。现在就让我们走进细菌的世界，让菌儿解答一下我们的诸多疑问吧。

衣食住行是人生的四件大事，一件都不能缺少。不但人类如此，就是其他生物也何曾能缺少一件，不过没有人类这样讲究罢了。

细菌是极微极小的生物，是生物中的小宝宝。这位小宝宝穿的是什么？吃的是什么？住在哪里？怎样行动？我们倒要见识见识一下。

名师批注

以人的衣食住行来类比细菌特殊的“衣食住行”，下文介绍细菌的各项特点，过渡自然。

好呀，请细菌出来给我们看一看呀！

不行，细菌是肉眼看不见的东西，它比我们的眼珠就小了 2 万倍。幸亏 260 年前荷兰有一位看门老头子列文虎克先生把它发现出来。列文虎克先生一生的嗜好就是磨镜头，在他屋子里存着好几百架自制的显微镜，天天在镜头下观察各种微小东西的形状。有一天他研究自己的齿垢，忽然看见好些微小的生物在唾液中游来游去，好像鱼在大海中游泳一般。这些微小的生物就是我们现在所要介绍的细菌。自从发现细菌以后，经过许多科学家辛辛苦苦研究，现在我们已渐渐知道它的私生活的情况了，但是大众对于细菌不过偶尔闻名而已，很少有见面的机会，至于它的衣食住行就更莫名其妙了。

我们起初以为细菌实行裸体运动，一丝不挂，后来一经详细地观察，才晓得它们个个都穿着一层薄薄的衣服，科学的名词叫作荚膜。这种衣服是蜡制的，要把它染成紫色或红色才看得清楚。细菌顶怕热，若将它们抹在玻璃片上放在热气上烘，顷刻间这层蜡衣都化走，露出它们娇嫩的肤体。它们又很爱体面，当它们来到人类或动物的体内游历，或在牛奶瓶中盘桓之时，穿得格外整齐，这层蜡衣显得格外分明。细菌的种族很多，其中以“荚膜杆菌”“结核杆菌”“肺炎球菌”三族衣服穿得特别讲究、特别厚、特别容易为我们所认识。

细菌的吃最为奇特而复杂，我们若将它详详细细地分析一下，也可以写成一部食经。在这里不便将它的全部秘密泄露，只略选其大概而已。细菌是贪吃的小孩子，它们一见了可吃的东西便抢着吃，吃个不休，非吃得精光不止。但它们也有吃荤绝对不吃素的，也有吃素绝对不吃荤的，所以我们有动物病菌与植物病菌之分。大多数的细菌都是荤素兼吃。有的细菌荤素都不吃而去吃空气中的氮，或无机化合物如硝酸盐、亚硝酸盐、阿莫尼亚、一氧化碳之类。此外还有吃铁的铁菌和吃硫黄的硫菌。更有专吃死肉不吃活肉的腐菌和专吃活肉不吃死肉的病菌。麻风的病菌只吃人和猴子的肉，不肯吃别的东西，平常住在水里或土壤里的细菌，到了人或动物的身上就要饿死。然而结核杆菌和鼠疫杆菌等这些穷凶极恶的病菌就很调皮，它们在离开人体到了外界之后又能暂吃别的东西以维持生活。在吃的方面，细菌还有一种和人类差不多的脾气，我们不可不知道的，就是太酸的不吃，太咸的不吃，太干的不吃，太淡而无味的也不吃，但凡合人类的胃口也就合它们的胃口。所以人类正在吃得有味的东西，想不到它们也在那里不露声色地偷着吃。

名师批注

“调皮”表明结核杆菌和鼠疫杆菌等危害性强的细菌生命力十分旺盛，它们在不同的环境下都能生存。

细菌的住是和食连在一起的，吃到哪里就住到哪里，在哪里住就吃哪里的东西，它们吃的范围是这样广大，它们住的区域也就无止境了。而且它们在不吃的时候也可以随风飘游，它们的子孙便散布于全地球了（别的星球有没有我们还没有法子知道。从前德国有一位科学家特意坐气球上升到天空去拜访空中的细菌，他发现离地面 4000 米之高还有好些细菌在那里徘徊）。大部分的细菌都是以土壤为归宿，而以粪土中所住的细菌为最多，大约每一克重的粪土住有 115000000 个细菌。由土壤而入于水，便以水为家，到了人及动植物身上，便以人及动植物的身体为家。还有一种细菌叫作“爱热菌”，在温泉里也可以过活。

名师批注

强调细菌生命力顽强，在各种环境中都能生存。

好多种细菌身上都有一两根或多根活泼而轻松的鞭毛。这鞭毛鼓舞起来它们便可在水中飞奔，伤寒杆菌能于 1 小时之内渡过 4 毫米长的路程。这一点的路在细菌看来实在远得很，因为它们的身长尚不及 2 微米，而 4 毫米却比 2 微米长 2000 倍。霍乱弧菌飞奔得更快，它们可于 1 小时之内渡过 18 厘米长的路程，比它们的身体长 9 万倍，别的生物都不能

跑得这样快。然而细菌若专靠它们自己的鞭毛游动毕竟走得不远。它们是喜欢旅行、喜欢搬家的，于是不得不利用别的法子。它们看见苍蝇附在马尾还能日行千里，老鼠伏在船舱里犹能从欧洲搬到亚洲，它们何不就附在苍蝇和老鼠身上，岂不是也可以游历天下吗？于是蚊子苍蝇就成为了它们的飞机，臭虫跳虱就成为了它们的火车，鱼蟹蠔蛤就成为了它们的轮船，自由自在地到处观光。不仅如此，它们还会骑人，在这个人身上骑一下又跳到另外一个人身上骑一下，你看，在电车上，在戏院里，在一切公共的场所，这个人吐了一口痰，那个人说话口沫四溅，都是它们旅行的好机会呀。

名师点拨

肉眼都不可见的细菌也有自己的衣食住行：它们都穿着一层薄薄的衣服叫作荚膜；吃是最讲究的，它们虽然无物不吃，但每种细菌爱吃的都不太一样，在这里只能介绍个大概；对于细菌来说，住行紧密相联，就是吃到哪儿住到哪儿，范围极其广大。细菌的行动一是依靠鞭毛移动，二则是旅行，它们喜欢依附到其他动物身上，这样行动快多了哩。

好词佳句

☆ 嗜好　穷凶极恶　不露声色　日行千里　游历天下

☆ 我们起初以为细菌实行裸体运动，一丝不挂，后来一经详细地观察，才晓得它们个个都穿着一层薄薄的衣服，科学的名词叫作荚膜。

☆ 细菌是贪吃的小孩子，它们一见了可吃的东西便抢着吃，吃个不休，非吃得精光不止。

趣味思考

作者为什么说别的生物都不如细菌跑得快？

细菌的大菜馆

名师带你读

人类总认为自己是大自然的主宰，其实从科学的角度来说，人类并不比其他生物高贵。一天，细菌学家布伦费尔先生竟然和菌儿交流了起来，他们在讨论什么呢？

名师批注

亚当和夏娃的对话场景，犹如电影片段般呈现在读者的脑海中。

是人类开始的那一天，亚当和夏娃手携手，赤足露身，在伊甸河畔的伊甸园中，唱着歌儿，随处嬉游，满园树木花草，香气袭人。亚当指着天空一排飞鸟，又指着草原上一群牛羊，对夏娃说：“看哪！这都是上帝赐给我们的食物呀。”于是两口儿一齐跪伏在地上大声祷告，感谢上帝的恩惠。

这是犹太人的宗教传说。直到如今，在人类的半意识中，犹都以为天生万物皆供人类的食用、驱使、玩弄而已。

希腊神话中，奥林匹斯山上的一切天神都是为人而有，如爱神司爱、战神司战、谷神司食，因为人而创出许多神来。

我们古老国家的一切山神、土地、灶君、城隍也都是替人掌管，为人而虚设其位。

这些渺渺茫茫无稽之谈都含有一种自大性的表现，自以为人类是天之骄子，地球上的主人翁。

自达尔文的《物种起源》出版，就给这种自大的观念，迎头一个痛击。他用种种科学的事实，说明了人类的祖先是猴儿，猴儿的祖宗又是阿米巴（变形虫），一切的动物都是远亲近戚。这样一说，人类又有什么特别贵重呢？人类不过是靠一点小聪明，得到一些小遗产，走了幸运，做了生物的官，刮了地球的皮，屠杀动物，砍折植物，发掘矿物，以饱自己的肚皮，供自己的享乐，乃复造出种种邪说，自称为万物之灵。

布伦费尔先生，美国的一位先进的细菌学家，正在约翰·霍普金斯大学医院实验室里，穿着白衣，坐在黑漆圆凳子上，俯着头细看显微镜下的某种大肠杆菌，忽然听见我讲到“饱自己的肚皮”一句，不禁失声大笑，没有转过头来，接着就说，带有一半不承认我的话的口气：“饱谁的肚皮呀？恐怕不仅饱人类自己的肚皮吧？你就不想，人类的肚子里还有长期的食客、短期的食客、来来往往临时的食客呀。一个个两条腿走来走去的动物，还是细菌的游行大菜馆呀。”

我本来处于摇摇孤单的地位，硬着胆说了前面的一段话，已预计会被听众包围问难，被他这一问，倒惊退一步。但他不等我回答，又站起来，回过身倚着试验桌旁，接着侃侃而谈：“不仅人类的肚皮是细菌的菜馆，狮虎熊象、牛羊犬鼠、燕雁鸦雀、龟蛇鱼虾、蛤蚌蜗螺、蜂蚁蚊蝇，乃至于蚯蚓蛔虫，举凡一切有脊椎和无脊椎的动物，只需有一个可吃的肚皮或食管，都是细菌的大小菜馆、酒店。不但如是，鼻孔喉咙还是细菌的咖啡馆，皮肤毛管还是细菌的小食摊，而地球上一沟一尘，一瓢一勺，莫不是它们乘风纳凉、饮冰喝茶之所。细菌虽小，所占地盘之大，子孙之多，繁殖之速，食物之繁，无微弗至，无孔不入，诚人类所不敢望其肩膊。所以这世界的主人翁，生物的首席，与其让人类窃称，不如推举细菌。”

名师批注

直接描写科学家的对话，有举例、有比喻，生动有趣，设置巧妙。

他说到这里顿了一顿，我赶紧含笑插进去说：“然则弱小细微的东西从今可以自豪了。你的话一点儿都不错。强者大者不必自鸣得意，弱者小者毋庸垂头丧气。大的生物如恐龙巨象，因为自然界供养不起，早已绝种。现在以鲸鱼为最大，而大海之中不常见。老虎居深山中，奔波终日，不得一饱，看见丛林里一只肥鹿，喜之不胜，又被它逃走了。蚂蚁虽小，而能分工合作，昼夜辛勤，所获食料，可供冬日之需。生物愈小，

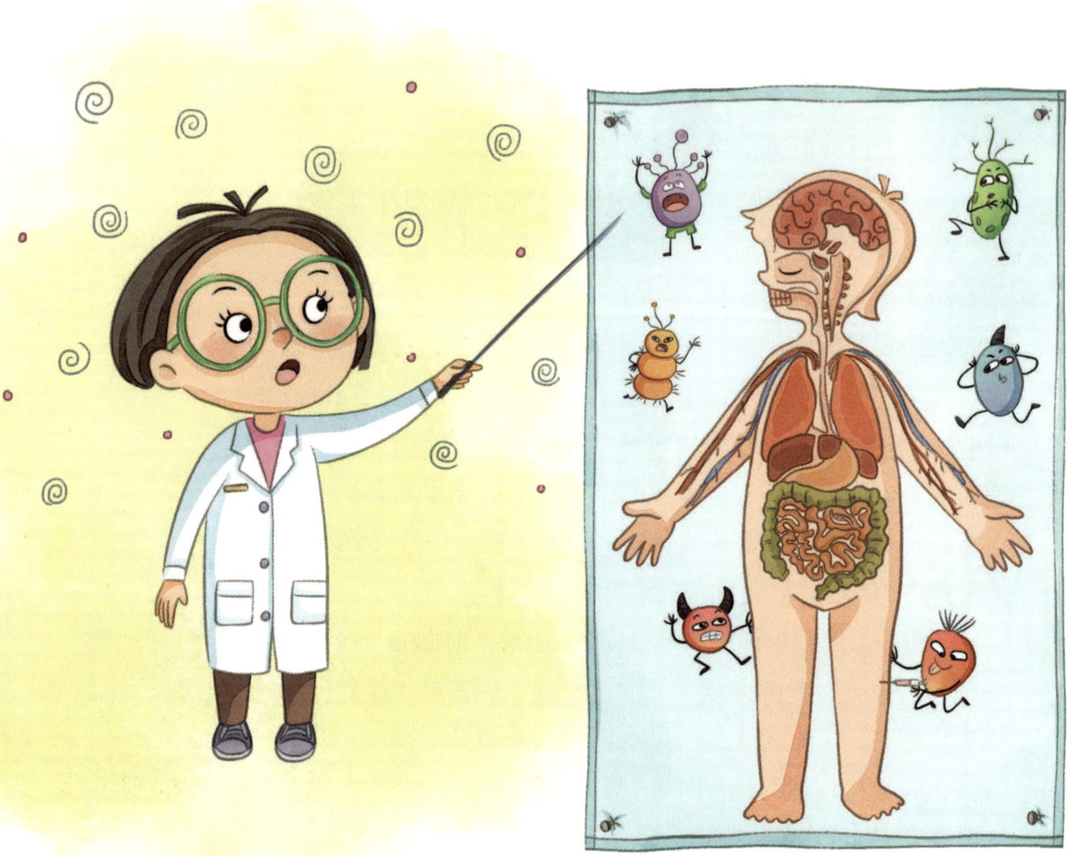

得食愈易。我不要再拖长了。现在就请布伦费尔先生给我们讲一点儿细菌大菜馆的情形吧！”

布伦费尔先生是研究人类肚子里的细菌的专家。他深知其中的奥妙。

于是这位穿白衣的科学先生又开口了。这一次，他提高嗓音，用庄严而略带幽默的态度说：

“我们这一所细菌大菜馆，一开前门便是切菜间，壁上有自来水，长流不息，菜刀上下，石磨两列，排成半圆形，还有一个粉红色活动的地板。后面有一条长长的甬道，直达厨房。厨房是一个大油锅，可以放缩，里面自然发生一种强烈的酸汁，一种神秘的酵汁。厨房的后面，先有小食堂，后有大食堂，曲曲弯弯，千回百转。小食堂备有咖喱似的黄汁，以及其他油呀醋呀，一应俱全。大食堂的设备，较为粗简，

名师批注

延续前面的比喻，介绍了细菌从进入人体到被排出体外的完整路径：口腔、食管、胃、小肠、小肠、肛门，体现了一种完整性。

然而客座极多，可容无数万细菌，有后门，直通垃圾桶。

“形形色色的菌客菌主菌亲菌友，有的挺着胸膛，有的弯腰曲背，有的圆脸儿涂脂搽粉，有的大腹便便，有的留个辫子，有的满面胡须，或摇摇摆摆，或一步一跳，或匍匐而入，或昂然直入。有的从前门，有的从后门。

“从前门而入者，多留在切菜间，偷吃菜根肉余齿垢皮屑。然而常为自来水所冲洗，立脚不定。不然，若吃得过火，连墙壁、地板、刀柄都要吃，于是乎人就有口肿、舌烂、牙痛之病了。

“这一群食客里面，最常来光顾的有六大族。一为圆脸儿的‘小球菌’，二为像葡萄的‘葡萄球菌’，三为珠脸儿的‘链球菌’，四为硬挺挺的‘阳性革兰氏杆菌’，五为肥硕的‘阴性革兰氏杆菌’，六为弯腰曲背的‘螺旋菌’，这些怪姓，经过一次的介绍，恐你们仍记得不清啊。

名师批注

再一次列举六种最容易侵入人体的细菌，呼应前文，强化认知。

“在刷牙漱口的时候，这些无赖的客人，一时惊散，但门虽设而常开，它们又不请自来了。

“婴儿呱呱坠地的一刹那间，这所新菜馆是冷清清地无声无息。但一见了空气，一经洗涤，细菌闻到腥秽的气味，就争先恐后，一个个从后门踉跄而入。假如将婴儿的肛门消毒，再用一条无菌的浴巾封好，则可经 20 小时之久，一验胎粪仍杳然无菌迹。一过了 20 小时之后，纵使后门围得水泄不通，而前门大开，细菌已伏在乳汁里面混进来了。

“在母亲的乳汁中混进来的食客以‘乳枝杆菌’一族为最多，占 99%，其中有时夹着几个‘肠球菌’和‘大肠杆菌’。

“假如母亲的乳不够吃，又不愿意雇奶妈，而去请母黄牛作奶娘，由牛奶所带来的细菌，就五光十色了。最多数的不是‘乳枝杆菌’而是‘乳酸杆菌’了。此外还有各式各样的‘大肠杆菌’‘肠球菌’‘阳性革兰氏需氧芽孢杆菌’‘厌气菌’等，甚至有时混着一两个刺客，如‘结核杆菌’，那就危险了，所以没有严格消毒过的牛奶，不可乱吃呀！

“在成年人肚子饿的时候，油锅里没有菜煮，细菌也不来了。一吃了东西，细菌却跟着进来，厨房里就拥挤不堪。但是胃汁是很强烈的，它们未吃半饱，都已淹死了。只有几种‘抗酸杆菌’和‘芽孢杆菌’还可幸免。但是在有胃病的人，胃汁的酸性太弱，细菌仍得以自全，并且如‘八叠球菌’‘寄腐杆菌’等竟毫无顾忌地就在这厨房里组织新家庭，生出无数菌儿菌孙。而那病人的胃就会一阵一阵地痛了。

名师批注

胃酸可以有效地抑制细菌的生长，也指出胃病的原理。

“过了厨房，就是小食堂。那里食客还不多。然而食客到了食堂就流连不忍离去，于是有好些都由短期变成长期食客了，这些长期食客中以大肠杆菌为最主要。它的足迹走遍天下菜馆，不论是有色人种也好，无色人种也好，它都认得，每个人的肠内都有它在吃。”

说到这里，白衣科学先生用他细长的右手食指，指着桌上那一架显微镜说：

“我在这显微镜上看的就是这一种‘大肠杆菌’。其余的食客恕我不一一详举。

“一到了大食堂，就热闹起来。摇头摆尾，挤眉弄眼，拍手踏足，摩肩攘臂，济济一堂，尽是细菌亲友，细菌本家。有时它们意见不合，争吵起来，扭做一团，全场大乱，人便觉得肚子里有一股气，放不出来。

名师批注

传神地描绘出一幅众细菌大聚会的景象。

“快到后门了，菜渣和细菌及咖喱似的黄汁相拌，一变而为屎。1 斤屎有四五两细菌哩。然而大部分都是吃得太饱胀死了。

“以上所述，都是安分守己的细菌，还有一群专门捣墙毁壁的病菌，那我们不称它们作食客。简直叫它们作刺客暗杀党了。这就再请别的专家来讲吧！”

名师点拨

尽管细菌微小，但由于它们无微弗至、无孔不入的特点，万千生物都是其取食的菜馆，因此布伦费尔先生推举细菌为生物的首席不无道理。这位专业幽默的科学家把人类这所细菌大菜馆的详情传神地为读者讲解了一番，以便大家可以清晰地看到细菌大聚会的景象：各种细菌齐聚好不热闹；人体一路穿行好不复杂！

好词佳句

☆ 无稽之谈　侃侃而谈　无声无息　毫无顾忌

☆ 是人类开始的那一天，亚当和夏娃手携手，赤足露身，在伊甸河畔的伊甸园中，唱着歌儿，随处嬉游，满园树木花草，香气袭人。

☆ 不但如是，鼻孔喉咙还是细菌的咖啡馆，皮肤毛管还是细菌的小食摊，而地球上一沟一尘，一瓢一勺，莫不是它们乘风纳凉、饮冰喝茶之所。

☆ 细菌虽小，所占地盘之大，子孙之多，繁殖之速，食物之繁，无微弗至，无孔不入，诚人类所不敢望其肩膊。所以这世界的主人翁，生物的首席，与其让人类窃称，不如推举细菌。

趣味思考

文中第八段布伦费尔论述时，运用了哪些手法？请试着赏析本段。

细菌的形态

名师带你读

细菌极微极小，如果不是列文虎克，人们单靠肉眼实在是难以看到的。但是就这样简单用显微镜看还是太模糊迷离了，所以为了彻底看清楚细菌的模样，科学先生们发明了哪些方法呢？

有了一架可以放大至1000倍左右的显微镜，看细菌就是很方便的事了。只需将那有菌的东西，挑下一点点涂于玻璃薄片上，和以一滴清水，放在镜台上，把镜筒上下旋转，把眼睛搁在接目镜上一看，镜中自然隐约浮出细菌的原形来。

但是，这样看法，就好像半夜醒来，睡眠迷离中，望见天空烁烁灼灼，忽明忽暗的星河星云，看得太模糊恍惚了。

自柯赫先生引用了染色法以来，于是细菌也施紫涂朱，抹黄穿蓝，盛装艳服起来，显得格外分明

鲜秀。

后来的细菌学专家相继改良修进，革兰先生发明了阴阳染色法，齐尔、尼尔森两位先生发明了抗酸染色法，于是细菌经过洗染之后，轮廓不但特别明显，内容清晰，而且可作种种的分类了。

就其轮廓而看，细菌大约可分为六大类：一为像菊花似的“放线菌”，二为像游丝似的“丝菌”，三为断干折枝似的“枝菌”（即分枝杆菌），四为小皮球似的“球菌”，五为小棒子似的“杆菌”，六为弯腰曲背的“弧菌”，那第六类，有的多弯了几弯，像小小螺丝钉，又叫作“螺旋菌”。

这些细菌很少孤身漂泊，都爱成双结四，集队合群地到处游行。球菌中，有的结成葡萄儿般的一把一把数十百个在一起，名为“葡萄球菌”；有的连成珠儿般的一串一串，有短有长，名为“链球菌”；有的拼成豆儿、栗子、花生般的一对一对，名为“双球菌”；有的整整四个做成一处，名为“四联球菌”；有的八个叠成立方体，名为“八叠球菌”。

杆菌中，有的竹竿儿似的一节一节；有的似马铃薯般的胖胖的身躯；有的大腹便便，身怀芽孢；有的芽孢在头上，身像鼓槌；有的两端肿胀，身似豆荚；有的身披一层荚膜；有的全身都是毛；有的头上留有辫子；有的既有辫子，又有尾巴；长长短短，有大有小。

细菌都有点阴阳怪气，有的阴盛，有的阳多；有的喜酸性，有的喜碱性。若用革兰先生的染料一染，点了碘酒之后，再用火酒来洗，有的就洗去了颜色，有的颜色洗不掉了。洗去的就叫作“阴性革兰氏球菌”及“阴性革兰氏杆菌”；洗不掉的就叫作“阳性革兰氏球菌”及“阳性革兰氏杆菌”。这阴阳两大类的球菌和杆菌，所以别者，皆因其化学结构及物理性质有所不同，换言之，即它们生理上的作用，是不一样的呀。

名师批注

根据细菌的轮廓和行动方式将细菌分成不同的种类，解释直观，便于理解。

有一类分枝杆菌，如著名的结核杆菌，满身都是油，很不容易染色，后来齐先生和尼先生，把它放火上烘，烘得油都化走了，于是一经染色，就是放在酸汁中浸，也洗不退，这就是抗酸染色，这一类杆菌，又被称为抗酸杆菌。

染色之道益精，菌身的内容益彰。细菌身上或有芽孢，或有荚膜，或有鞭毛。前文已经隐隐提出。芽孢所以传种，荚膜所以自卫，鞭毛所以游动。

除此之外，孢中并非空无一物，有说还有孢核，有说还有色粒，连细菌学家，都还没有一律的主见，我们俗人，更不必细究。

1935 年 11 月 5 日

名师点拨

为了更加清楚明了地显出细菌的原形，柯赫先生首先引用染色法，后来其他细菌学专家也发明了不少方法来使细菌更清晰突显。根据细菌的轮廓，他们把细菌分为六大类，分别是放线菌、丝菌、枝菌、球菌、杆菌、弧菌，还有其他几种比如根据行动方式、酸碱变色的方法分类等，实在是复杂多样。

好词佳句

☆ 烁烁灼灼　大腹便便　阴阳怪气　空无一物

☆ 这些细菌很少孤身漂泊，都爱成双结四，集队合群地到处游行。

☆ 细菌都有点阴阳怪气，有的阴盛，有的阳多；有的喜酸性，有的喜碱性。

趣味思考

细菌是根据什么进行分类的？

清水和浊水

名师带你读

水是生命之源，但也可以是生命杀手。水不可一概而论：清水固不易多得，浊水更不可不预防。自然界的水更是复杂多样，接下来让我们一起学习水的分类，了解身边哪些是清水，哪些是浊水吧。

去年夏天各省抗旱，今年夏天江河泛滥，农民叫苦连天，饿殍遍野，水的问题够严重的了。

伍秩庸先生论饮水说："人身自呼吸空气而外，第一要紧是饮水。饮比食更为重要，有了水饮，虽整天的饿，也可以苟延生命。人体里面，水占七成。不但血液是水，脑浆78%也都是水，骨头里面也有水。人身所出的水也很多，口涎、便溺、汗、鼻涕、眼泪等都是。皮肤毛管，时时出气，气就是水。用脑的时候，脑气运动，也是出水。统计人身所出的水，每天75两。若不饮水，腹中的食物渣滓填积，多则成毒。如若时时饮水，可以澄清肠脏腑的积污，可以调匀血液使之流通畅达，一无疾病。"这一篇话，自然是根据生理学而谈。于此可见，水的问题对于人生更密切了。

名师批注

引用名人名言强调水的重要性。

然而，一杯水可以活人，一杯水也可以杀人。水可以解毒，也可以致病。于是水可以分为清水和浊水两种，清水固不易多得，浊水更不可不预防。

18世纪中叶，英国大化学家卡文迪什在试验氢与氧的合并时，得到了纯净的水。后来法国大化学家拉瓦锡证实了这个试验，于是我们知道水是氢和氧的化合物。这种用化学法综合而成的水，当然是极纯净极清洁的了。然而这种水实在不可多得，只好用它做清水的标准罢了。

名师批注

对水进行分类，解说详尽，条理清楚。

一切自然界的水，多少总含有一些外物。外物愈多则水愈浊，外物愈少则水愈清。这些外物里面，不但有矿物，如普通盐、镁、钙、铁等的化合物之类，还有有机物。有机物里面，不但有腐烂的动植物，还有活的微生物。微生物里面，不但有普通的水族细菌，如光菌、色菌之类，还有那些专门害人的病菌，如霍乱弧菌、伤寒杆菌、痢疾杆菌之类。

自然界的水的来源，可分为地面和地心两种。地面的水有雨水、雪水、雹、冰、浅井、山泽、江河、湖沼、海洋等。地心的水就是深井的泉水。

雨水应当是很干净的了。然而当雨水下降的时候，空气中的灰尘愈多，所带下来的细菌也愈多。据巴黎门特苏里气象台的报告，巴黎市中的空气，每1立方米含有6040个细菌，巴黎市中的雨水，每1升含有19000个细菌。在野外空旷之地，每1升的雨水，不过有一二十个细菌。

名师批注

列数据是科普文章的常用写作方法之一。它能客观反映事实，增强说服力。

雪水比雨水浊，这大约是因为雪块比雨点大，所冲下的灰尘和细菌也较多吧。然而巴斯德曾爬上阿尔卑斯山的最高峰去寻细菌，那儿的空气极清，终年积雪，雪里面几乎是完全无菌的。

雹比雨更浊。1901年7月，意大利帕杜亚下了一阵大雹，据白里氏检查的结果，每1升雹水至少有140000个细菌。这或是因为那时空气动荡得很厉害，地上的灰尘吹到云霄里去，雹是在那里结成的，所以又把灰尘包在一起，带回地上了。

冰的清浊，要看是哪一种水结成的。除了冰山冰河以外，冰都是不大干净的啊，因为在冰点的低温度，大多数的细菌都能保持它们的生命啊。

浅井的水，假如井保护得法，或上设抽水机，细菌还不至于太多。若井口没有盖，一任灰尘飞入，那就很污浊了。

山涧的水，不使粪污流入，较为清净，所含的微生物，多是土壤细菌，于人无害，但经一阵大雨之后，细菌的数目立刻增加了好几倍。

江河的水最是污浊，那里面不但有很多水族细菌和土壤细菌，而且还有很多的粪污细菌。这些粪污细菌都有传染疾病的危险呀。粪污何以流入江河里面呢？这都是因为无卫生管理、无卫生教育，于是一般无训练的民众都认为江河是公开的垃圾桶，在这一个大错之下，不知枉送了多少性命呀。

湖沼的水比江河为净。水一到了湖就不流了，因为不流，那儿无数的细菌都自生自灭，所以我们说湖水有自动洗净的能力，而以湖心的水比傍岸的水尤为清净少菌。

海水比淡水为净。离陆地愈远愈净。1892 年英国细菌学家罗素在那不勒斯海湾测验的结果，在近岸的海水中，每 1 立方厘米有 7 万个细菌，但离岸 4000 米以外，每 1 立方厘米的海水，就只有 57 个细菌了。在大海之中，细菌的分布很平均，海底和海面的细菌几乎是一样多。

由地心涌出的泉水和人工所开掘的深井的水是自然界最清净的水。据文斯洛的报告，波士顿的 15 个自流井，平均每 1 立方厘米只有 18 个细菌。水清则轻，水浊则重。清高宗曾品过通国之水，以质之轻重，分水之上下，乃定北平海淀镇西之玉泉为第一。玉泉的水有没有细菌，我们没有试验过，如有，一定也是很少很少的了。

水的清浊有点像人，纯洁的水是化学的理想，纯洁的人是伦理学的理想，不见世面，其心犹清，一旦为社会灰尘所熏染，则难免不污浊了。

名师批注

以水的清浊联想到人品的清浊，针砭时弊，启迪人心。

清水固然可爱，然而有时偶尔含有病菌，外面看上去清澈无比，里面却包藏祸心，这样的水是假清水，这样的人是假君子，其害人而人不知，反不如真浊水真小人之易显而人知预防。而且浊水，去其细菌，留其矿质，所谓硬性的水，饮了，反有补于人身哩。

化学工作上，常常需要没有外物的清水。于是就有蒸馏水的发明，一方将浊水煮开，任其蒸发，一方复将蒸汽收留而凝结成清水。这种改造的水是很清净无外物的了。

医学上用水，不许有一粒细菌芽孢的存在。于是就有无菌水的发明。这无菌水就是将装好的蒸馏水放在杀菌器里，将水内的细菌一概杀灭。这样人工双重改做过的水，是我们今日所有最纯净的清水了。

浊水还可以改造为清水，人呢？

1935 年 8 月 10 日

名师点拨

我们的身边到处都是水的痕迹，但是一杯水可以活人也可以杀人，有的水是清水有的是浊水，这就需要我们加深对大自然中水的了解。经过介绍我们知道大自然的水可以分为地面水和地心水两种，雨水本身就不干净，冰雹和雪水则更脏，冰、浅水和山涧水需要具体分析，江河水无疑是最浑浊的，湖沼水次之，海水又比淡水干净，但最清的还是地下水。

好词佳句

☆ 饿殍　自生自灭　熏染　包藏祸心

☆ 水的清浊有点像人，纯洁的水是化学的理想，纯洁的人是伦理学的理想，不见世面，其心犹清，一旦为社会灰尘所熏染，则难免不污浊了。

趣味思考

为什么说水的清浊有点像人？

细菌学的第一课

名师带你读

作者用轻松的笔调同读者分享了他的细菌学第一课，其实本章也可算是我们学习细菌的第一课。现在就让我们跟随着作者的回忆一起回到课堂，和他一起开启细菌学的大门……

《读书生活》的编者要我写一篇生活记录。我想一想，我过去生活，自己认为最值得写出来的，还是在美国芝加哥大学研究细菌学的那几年。但是若都把它记录出来，要成一部书。所以只拣出第一天上细菌学的第一课时的情景，一一追述，比较浅显而易见，使读书好像也站在课堂和实验室的门口，或踮着脚尖儿站在玻璃窗前面，望望里面，看看有什么好看，听听讲些什么，也不至于白费这一刻读书工夫罢了。关于细菌学，我已在《读书生活》第二卷第二期起，写过一篇《细菌的衣食住行》。此后仍要陆续用浅显有趣的文字，将这一门神秘奥妙的科学，化装起来，不，裸体起来。使它变成不是专家的奇货，而是大众读者的点心兼补品。细菌学的常识的确是有益于卫生的补品，不过要装潢美雅，价钱便宜，而又携带轻便，大众才能吃、才肯吃、才高兴吃，不然不是买不起，就是吃了要头痛胃痛呀！

名师批注：用轻松的笔调来说明此篇文章的写作缘由和写作目的。

立克馆在芝加哥大学，是美国最老的细菌学府，是人类和恶菌斗争的一个总参谋机关。

1926年的夏天，那天我正在立克馆第七号教室，上细菌学的第一课，同班只有两个美国哥儿，两个美国小姐，一个

名师批注：镜头转换，回到了当年上

第一堂课的情景，使读者也仿佛成为了课堂上的一员。

卷发厚唇的美洲黑人，连我共6人。大家都怀着新奇的希望，怀着电影观众紧张的心理，心里痒痒地等候着铃声。铃声初罢，一位戴白金丝眼镜的人，穿着白色医生制服，踏着大学教授的步子进来了，手里还抱着一大包棉花。

“细菌学是一个新生的科学婴孩呀……250年以前有一位列文虎克先生，列文虎克先生是荷兰人呀。他顶会造显微镜，他造的显微镜比别人都好呀……巴斯德先生看见一个法国小孩子被疯狗咬了，心里很难过……柯赫先生发现了结核杆菌，德国的民众都欢天喜地，全欧洲都庆贺他，全世界都感激他……现在日本有一位野口博士亲自到非洲去，得了黄热病，就拿自己的血来试验……我们立克馆的馆长——左当博士也是一个细菌学的巨头，没有他和他同事的努力，巴拿马运河是建不成功的呀；没有他，芝加哥的水仍会吃人的呀……”

他娓娓动人地说了一大篇。

“现在我要教你们做棉花塞。”他一边解开棉花一边换一个音调继续说，“棉花塞虽是小技，但用途很大，我们所以能寻出种种病原菌，它的功劳就不小，初学细菌学的人第一件要先学做棉花塞。原来棉花有两种：一种好比海绵，见了水就淋淋漓漓地湿做一团；一种好比油布，沾一点水不至全湿。我们要用第二种。拿一些这种不透水的棉花，捏做一丸，塞进玻璃管便可划分成了内外两个世界，七分塞进里面，不松不紧，外界的细菌不得进去，内界的细菌不得出来。若把内界的细菌用热杀尽，内存的食品就永远不臭不坏。”说到这里他将棉花分给我们6个人各自练习。此时窗外热气腾腾，窗内热汗滴滴，我一面试做棉花塞，一面品味白衣教授的话。

名师批注

“棉花塞”看似普通，功效却很神奇：能够阻止细菌的侵入和逃出。

我们每人都塞满了一篮的玻璃瓶试管了。接着他就吩咐我们每人都去领一个显微镜，再到第十四号实验室里会齐。

我刚从仪器储藏室的小柜台口领到一件沉重的暗黄色木箱子，一手提嫌太重，两手提嫌太笨，后来还是两手分工轮流着提。回到了立克馆，出了一身汗，进了第十四号实验室，看到同班人都穿了白色制服，坐在那长长的黑漆的试验桌前面，有的头在俯着看，有的手在不停地擦拭，每一位桌上都装有一个电灯和一个自来水龙头。我也穿了白衣，打开我的木箱子，取出一件黑色古董，恭恭敬敬地把它放在桌上。

这时候进来了一个矮胖子，神气不似教授，模样不似学生，也穿着白色制服，手里捧着一个铁丝篮，篮里装满了有棉花塞的玻璃试管，跟在他后面的就是那位白衣教授。

我也不顾他们了，醉心地玩弄我的黑色古董。那黑色古董，远看有点像高射炮，近看以为是新式西洋镜。上面有一个圆形的抽筒可以升降；中间有一个方形的镜台可以前后摇摆左右转动；下面是一个铁蹄似的座脚，全身上下大大小小共有六七个镜头；看起来比西洋镜有趣多了。忽然从我的左肩背后伸过来一双毛手，两指间夹着一个有棉花塞的试管，盛着半管的黄汗。

“请你抽出一点涂在玻璃片上，放在镜台上看吧。”这是白衣教授的声音，于是我就照着他所指导的法子，一步一步地去做。

“这是像一串一串的黑珠呀。”我用左眼，又用了右眼，一边看一边说。

“我看的像一种像葡萄呀。”一个鹰鼻子美国哥儿的声音。

“我所看的像钓鱼的竹竿。”黑人说。

“这有点像马铃薯呀。”那位金黄头发的小姐说。

“我的上帝呀！这像什么呢？”我隔壁那位戴眼镜的美国哥儿忽然立起来对我说，“密司脱高，请你看看，这一种细菌东歪西斜不是很像中国字吗？”

“这倒像你们西洋人偶尔学写中国字所写的样子哩，我们中国字是方方正正没有那么歪歪斜斜呀。”我看了一看就笑着说。

还有一位美国小姐没有作声，忽然啪嚓一声她的玻璃片碎了。于是白衣教授就走近她的位子郑重地说：“我们用显微镜来观察细菌的时候，要先将那抽筒转到最下面与玻璃片将接触为止，然后，在看的时候，慢慢地由低升高，切不可由高降低，牢记这一点道理，玻璃片就不至于破碎，镜头也不至于损坏了。”

那位小姐点着头，红着脸，默默地收拾残碎的玻璃片。

看过了细菌，白衣教授又领了我们6人出了实验室，走不到几步便闻到一阵烂肉的臭气，夹着一种厨房的气味，刚推开第十八号的一扇门，那位矮胖子又出现了，正坐在那大大长长粗粗的黑桌子旁边，左手里握着4只玻璃试管，右手

名师批注

从几位同学的描述中，将前文介绍的葡萄球菌、杆菌等细菌再次呈现到读者面前，一一呼应，形象跃然纸上。

的两指捏着长圆形的玻璃漏器下面的夹子，一捏一捏的，黄黄的肉汁，就从漏器中泻到那一只一只的试管里面。他的动作很快，很纯熟，满桌满架上排着的尽是玻璃管、玻璃瓶、玻璃缸、玻璃碟，或空或满，或污或洁，大大小小，形形色色，更有那一筒一筒的圆铁筒，一篮一篮的铁丝篮，一包一包的棉花，和其他零星的物件，相伴相杂。房里充满了肉汁和血腥的气味。

“这一个大蒸锅里面煮的是牛肉汤，”白衣教授指着另一张桌上的一个大铜锅，锅底下面呼呼地烧着大煤气炉，“牛肉汤加上琼脂（琼脂是一种海草，煮化了会凝结成一块）就变成牛肉膏，再加上糖变成蜜饯牛肉膏，又甜又香又有肉味，此外还预备有牛奶、鸡蛋、牛心、羊脑、马铃薯等，这些都是上等补品。我们天天请客，请的是各处来的细菌，细菌吃得又胖又美，就可以供我们玩弄，供我们试验了……”

名师批注

将人类的美味大餐比作成培育细菌们的补品，语言诙谐有趣。

他没有说完，在他背后那个角落上，我又发现了一个新奇庞大长圆形横卧在铁架上的一个黄铁筒，仿佛像火车头一般，上面没有那突出的烟筒和汽笛，但有一个气压表、一个寒暑针、一个放气管插在上面，筒口有圆圆的门盖，半开半闭，里面露出一个装满了玻璃试管的铁丝篮。后来他告诉我们这是“热压杀菌器”，用高压力的蒸汽去杀尽细菌。

他推开后面那一扇门，让我们一个个踏进去。不得了，这里有动物的臭气腥味冲进鼻子里。一阵猫的尿气、一阵老鼠的屎味、一阵兔毛拌干草的气味，若不是还有一阵臭药水的味，鼻子就要不通气了。这里有更多更大的铁丝篮，整齐地分列两旁，一层一层一格一格地排着，每篮都有号数。篮中的动物看见我们走近，兔子就缩头缩耳地往后退却，猴儿就张着眼睛上下眺望，猫儿就伸出爪，小白老鼠东窜西窜，还有那些半像猪半像鼠的天竺鼠正吃萝卜不睬我们哩。

名师批注

人类对细菌知识的了解很多都是通过在小白鼠、小兔子等活体上做实验而获得的，所以教授称它们为“人类的功臣”。

“这些动物都是人类的功臣。”那教授又扬起声音说了，“代我们病，代我们死，病菌生活的原理，都是用它们来查的啊。我们天天忙着，不是山羊抽血，就是豚鼠打针；不是老鼠毒杀，就是兔子病死；不是猫儿开刀，就是猴子灌药，手段未免过辣，成效却非常伟大，现代医学的进步不知牺牲了多少这些小畜生啊……”

他说完了，又引我们看了后面的羊场。一只大母羊三只小山羊见了我们拔腿就跑。

出来后我们又参观了冰箱和暖室，他又指示我们每人的仪器柜和衣服柜，我们就把木箱子的古董锁在仪器柜里面，脱了白衣锁在衣服柜里面。此时，开始时的臭味腥气都被新奇的幻想所冲散了。

出了立克馆就是爱丽斯街，街上来来往往都是高鼻子的男女学生，唱着歌儿，呼着哈罗，说说笑笑，嘻嘻哈哈，夹着书本，迈着大步走。我也夹杂在其间，心里在微微地笑，一步一步都欣然自得，像哥伦布发现了新大陆。

名师点拨

跟随着作者的回忆我们回到了1926年的夏天，和作者在立克馆共同学习细菌学。在课堂上，白衣教授从细菌被发现的历史讲起，教我们做棉花塞并如何使用显微镜观察细菌。我们跟随教授走进多个实验室，有的是为了培养细菌，有的则是杀菌，还有的是活体实验室等，无一不勾起了我们对细菌学的新奇幻想。

好词佳句

☆ 娓娓动人　恭恭敬敬　形形色色　拔腿就跑　欣然自得

☆ 细菌学的常识的确是有益于卫生的补品，不过要装潢美雅，价钱便宜，而又携带轻便，大众才能吃、才肯吃、才高兴吃，不然不是买不起，就是吃了要头痛胃痛呀！

☆ 我们天天请客，请的是各处来的细菌，细菌吃得又胖又美，就可以供我们玩弄，供我们试验了……

☆ 兔子就缩头缩耳地往后退却，猴儿就张着眼睛上下眺望，猫儿就伸出爪，小白老鼠东窜西窜，还有那些半像猪半像鼠的天竺鼠正吃萝卜不睬我们哩。

趣味思考

显微镜的外形是什么样子的？又该如何使用呢？

民主的纤毛细胞

名师带你读

这一天，所有的细胞齐聚“我”的大脑召开紧急会议，原来是因为“我”要写一篇关于细菌的文章。那么，大脑细胞代表团最终去哪里访问，采访的结果又是什么呢？

名师批注

开篇虚拟了一个场景——全身细胞代表齐聚大脑细胞的会议厅开会。通过拟人的修辞手法，使细胞形象具化，将枯燥的科普知识转化成趣味十足的小故事，语言生动有趣。

为了要写一篇科学小品，我的大脑就召集全身细胞代表在大脑细胞的会议厅里面，开了一次紧急会议，商讨应付办法。

纤毛细胞和肌肉细胞的代表联名提出了一个书面建议，在那建议书上，他们提出了一个题目，就是“纤毛细胞和肌肉细胞”，他们的理由是：纤毛和肌肉都是人身劳动的主要工具，都是生命的最活泼的机器，应该向广大中国人民作一番普遍的宣传。

我的大脑细胞就说：“本细胞不是生理学专家，虽然也曾在医科大学的生理学讲堂里听过课，并且曾在生理学的实验室里跑来跑去过，但这是很久以前的事了。因此对于生理学的记忆是十分模糊的。”

经过大家讨论之后，就决定由大脑的记忆区里面选出几位代表，会同视觉和听觉的代表，坐回忆号的轮船到微生物的世界里去访问微生物界的几个特殊的细胞，征求他们的意见。

首先，他们去访问的是细菌国里的球菌先生。

球菌先生正坐在显微镜底下的玻璃片上面的一滴水里面。他，一丝不挂的光溜溜的细胞，坐在那里，动也不动，就对我的大脑细胞代表团说：

“这题目我对它一点印象都没有，因为我本身的细胞膜上面一根毛也没有，当我出现在地球上的空气中和土壤里面的时候，生物的伸缩运动还没有开始，因此，我对这个问题是没有什么意见的。”

在另外一张玻璃片上，他们又去访问了杆菌先生的家庭。

杆菌先生的家里，人口众多，形形色色，无奇不有。有的细胞肚里藏着一颗十分坚实的芽孢，有的细胞身上披着一层油腻的脂肪衣服。最后我的大脑细胞代表团发现一群杆菌在水里游泳，露出一根一根胡须似的长毛。

他们就上前对这些有毛的杆菌说明了来意。

那些杆菌就说：“我们细胞身上虽长有不少的毛，它们的科学名词却是鞭毛，我们都是鞭毛细菌，纤毛细胞还是我们的后辈，你们要到动物细胞的世界里面去调查一下，才能知道真相呀。”

出了细菌国的边境，有两条水路，一条可以通到原生植物的国界；一条可以直达原生动物的国境。

名师批注

借杆菌之口了解鞭毛细菌和纤毛细胞之间的差别。

这原生动物的国土上有四个大都市：第一个大都市是变形虫都市，第二个大都市是鞭毛虫都市，第三个大都市就是纤毛虫都市，还有一个大都市，那是孢子虫都市。

变形虫和孢子虫的细胞身上都没有毛，鞭毛虫的细胞身上只有稀稀疏疏的几根鞭子似的长毛，只有那第三个大都市的居民才个个细胞身上生长着满身的纤毛，他们才是纤毛细胞真正的代表，也就是我的大脑细胞代表团所要访问的对象。

于是，他们就到纤毛细胞的都市里去采访收集这一篇科学小品的材料。

他们走进城里，看见那些细胞民众都在舞动着他们的纤毛，有的在走路，有的在吸取食物，有的在呼吸新鲜的空气。

名师批注

用旁观者的视角介绍了纤毛细胞的外貌特点和运动方式。

他们看见那些纤毛摇动的形式各有不同，有的是钩来钩去的，有的是摇摇摆摆的，有的像大海中的波浪，有的像漏斗，但是纤毛细胞们的劳动都是许多纤毛集合在一起劳动的，是有统一运动方向的。

当时，纤毛细胞们的发言人对我大脑细胞代表团说：

“我们这一群纤毛细胞，世世代代都是住宿在这样的水面，有时也曾到其他动物身上去旅行，你们人类的大小肠就是我们富丽堂皇的旅馆，而我们的国家则是这水界天下。

“当我们出外游行的时候，我们常看到许多动物体内都有着和我们一模一样的纤毛细胞。

“你瞧，在你们人类的身体上，就有许多地方生长着和

我们同样的纤毛细胞。

“像在你们的鼻房里，你们的咽喉管里，你们的气管道上，你们的支气管道上，你们的泪管道上，你们的泪房里，你们的生殖道上，你们的尿道上，你们的输卵管道上，你们的输精管道上，甚至你们的耳道上，甚至你们的脑房里和脊髓道上，都有纤毛细胞在守卫着，像守卫着国土一样。

“他们的工作是输送外物出境，从卵巢到子宫，卵的输送，和从子宫到输卵管，精虫的护送，也是他们的责任呀。

“这些纤毛细胞身上的纤毛，虽然非常地渺小，但是由于他们的劳动是集体的合作，由于他们的方向是一致的，所以他们能够肩负起很重的担子，根据某生理学家的估计，在每一平方千米的面积上面，他们能够举起 336 克重的东西。

“这些纤毛细胞们还有一个最大的特色，那就是他们都是人体上的自由公民，他们的劳动是自立的，不受大脑的指挥，不受神经的管制。就是把他们和人体分离出来，他们还能够暂时维持他们纤毛的活动。

“但是好像处在反动统治时期高物价的压迫下，人民受尽了饥饿的苦难，这些纤毛细胞在高温度的压迫下，他们的纤毛会变得僵硬而失去了作用。

“正如在反动统治的环境里面，许多人民不能生活下去，这些纤毛细胞在强度酸性的环境里面，也不能生存下去。”

我的大脑细胞代表团听完了这些话，就决定写一篇关于纤毛细胞的报告，并且把题目定作“民主的纤毛细胞”。

名师批注

鼻子、咽喉、气管……看来纤毛细胞在我们身体里几乎无处不在。说明纤毛细胞分布广泛，守卫着身体里各个器官的安全。

名师点拨

为了写好一篇科学小品文，大脑细胞代表团从细菌国出差到原生动物国的纤毛细胞都市去采访收集文章材料。在这里，细胞民众们都舞动着自己各样的纤毛，他们向代表们介绍纤毛细胞的分布情况、工作责任、自身特色等，“我”的大脑细胞代表团因此决定写一份报告，名字就叫作“民主的纤毛细胞”。

好词佳句

☆ 无奇不有　富丽堂皇　渺小　管制　僵硬

☆ 经过大家讨论之后，就决定由大脑的记忆区里面选出几位代表，会同视觉和听觉的代表，坐回忆号的轮船到微生物的世界里去访问微生物界的几个特殊的细胞，征求他们的意见。

☆ 出了细菌国的边境，有两条水路，一条可以通到原生植物的国界；一条可以直达原生动物的国境。

☆ 他们走进城里，看见那些细胞民众都在舞动着他们的纤毛，有的在走路，有的在吸取食物，有的在呼吸新鲜的空气。

趣味思考

为什么细胞说是“民主的”？

漫谈粗粮和细粮

名师带你读

在营养座谈会上，许多不同专业的专家汇聚一堂就粗粮和细粮的问题展开探讨。这些饮食问题其实与我们的身体健康息息相关，专家们针对问题现象给出了哪些建议？

在一次营养座谈会上，我们讨论粗粮和细粮的问题，在座的有好多位伙食委员、经济专家、营养专家等。现在我把我们座谈的内容总结如下：

首先，我们谈到主食和副食的关系。

我们的伙食都是以粮食为主的，所有的粮食，如米饭、馒头、窝头、烙饼等，都是主食。所有的小菜，如青菜、豆腐、鱼、虾、肉、蛋、水果等，都是副食。

我国广大人民过去由于生活困难，在伙食方面养成了一种习惯，就是只注意主食而不注意副食，只注意吃饭而不注意吃菜，人们把大部分伙食费都花在主食方面。有许多单位和家庭把百分之八十的伙食费都花在主食方面，只有很少一部分花在副食方面。

到了解放以后，因为国民经济状况逐步转好了，大家都富裕了一些，都想吃得好些，可是很多人就不想在副食上多花些钱，而光是想把粗粮换成细粮。有好些学校、机关、团体负责伙食的同志们，也犯了这个毛病，他们把大部分的伙食费买了白米、白面，结果副食费就很少了，不够补偿白米、白面的缺点，使大家不能得到所需要的营养。这样就使得好

名师批注

并不是主食越多越好，而是要主副食合理搭配，才能营养均衡。

些人从前在伙食不好的时候还不常患什么营养缺乏病，这时候吃得“好”了，倒反而患病了。

为了满足我们身体对营养的需要，我们应当多增加些副食。白米、白面的绝大部分，在化学上来说，是碳水化合物（白面中还有一部分蛋白质），它所起的作用，主要是供给我们身体的热和能。副食除了有主食的这种作用以外，还供给我们身体所需要的其他营养成分。

但是为了要满足广大人民对副食的需要，我们还必须促使国民经济进一步发展，这里包括着发展工业来推动农业的机械化和大量兴修水利工程以及发展畜牧业和渔业。在目前的经济情况下，要改进广大人民的营养条件，除了适当地增加副食以外，还必须在主食方面解决一部分问题。这就是：调剂主食，把主食的种类增多；吃细粮，也吃粗粮。

名师批注

总结前文，引出接下来讨论的问题，突出主旨，过渡自然。

其次，我们谈到粗粮和细粮的区别。

细粮是指白米、白面，粗粮是指一般杂粮，这里面有：小米、高粱米、玉米、杂合面、黑面、荞麦面等。

各种谷类的蛋白质成分各不相同，因此，它们的营养价值也不相同。这是因为，蛋白质是由各种不同的氨基酸组成的，一种谷类的蛋白质可能只含有某几种氨基酸，而缺乏其他几种。我们的身体需要各种不同的氨基酸。假使我们平常只吃一种粮食，就使我们的身体得不到充分的、各种不同的氨基酸。因此，粗粮细粮掺和着吃，是有好处的。

从维生素方面来讲，粗粮也有它的优点。我们知道，胡萝卜素是甲种维生素的前身，它在动物的体内能转化成为甲种维生素，可是它在细粮里面的含量太少了，在小米和玉米里面它的含量就比较多。硫胺素（就是一号乙种维生素）和核黄素（就是二号乙种维生素），都存在于谷皮和谷胚里面，因此它们在粗粮里面的含量也比细粮高。至于说到其他维生素如尼克酸（也叫作烟碱酸）和无机盐如钙质和铁质等，一般也是粗粮比细粮含量高。

第三，我们谈到我们身体所需要的营养成分。

我们身体每天所需要的营养成分，就是碳水化合物、脂肪、蛋白质、无机盐和维生素等，因此，我们每天所吃的食物里面也必须含有它们，一种也不能缺少。

碳水化合物的作用主要是供给我们身体的热和能。

脂肪的作用，除了供给热和能以外，还能保持体温，保护神经系统、肌肉和各种重要器官，使它们不会受到摩擦。

蛋白质是构成我们身体组织的主要材料，它能使我们身体生长新的细胞和修补旧的组织。正在生长中的儿童应该多吃含有蛋白质的食物，使他发育成长。正在恢复期间的病人和产妇，也需要多吃含有蛋白质的食物，来修补被破坏了的组织。

无机盐有很多种，它们的作用都不一样：铁是造血的原料，钙是制骨的器材，磷是大脑、神经、奶汁、骨的建筑用品，碘可以预防“甲状腺”的肿大，其他如钠、钾、镁等也各有各的用处。

名师批注

无机盐的种类广泛，作用各异，铁、钙、磷等都具有不可或缺的作用。大家可以根据自身的实际状况，摄取营养。

维生素也有许多种（已发现的有 30 来种，其中有些是有机酸，有些是别种有机化合物），它们是生活机能的激动力，是日常食物中必不可少的物质。吃了充分的维生素，我们的身体才能达到均衡发展。它们还能加强我们身体的抵抗力，不仅能帮助白血球和抗体抵抗传染病的侵犯，而且还可以预防各种营养不足的病症。

如果我们的身体缺乏了甲种维生素，就会得夜盲病和干眼病。得夜盲病的人一到了傍晚，眼睛就看不清东西了，厉害的就会变成瞎子。得干眼病的人，最初的病症是眼球发干，眼泪少，后来渐渐发炎，出很多的眼屎，再坏下去就会流血流脓，眼球上起白斑，到后来眼球烂坏，眼睛就瞎掉了。

如果我们的身体缺乏硫胺素（一号乙种维生素），起初

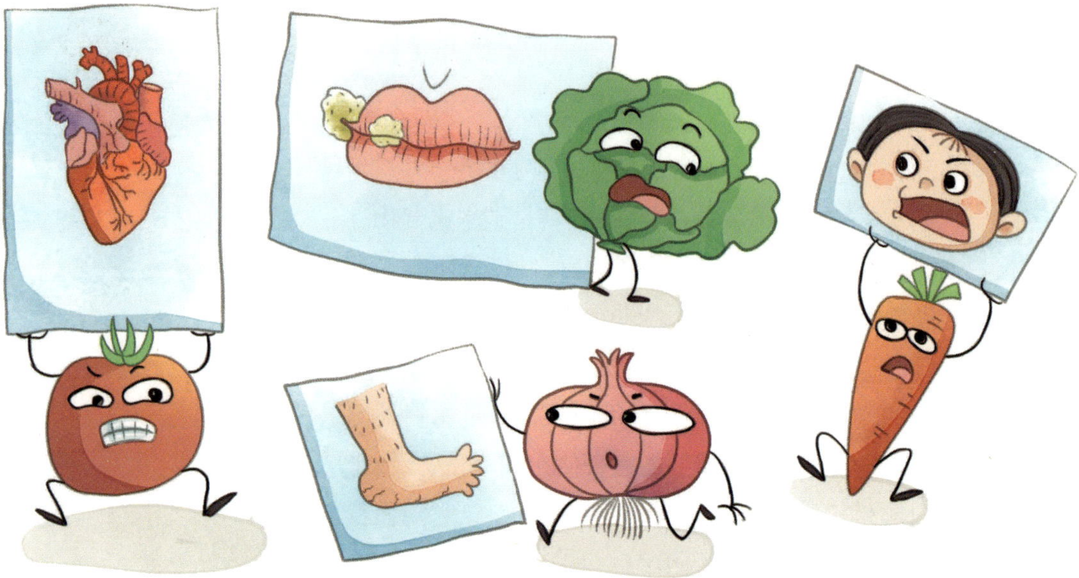

是胃口不开，精神不振，情绪不佳，易发脾气，消化不良，晚上睡不着觉，心脏跳动没有规律，思想不集中，后来就得了脚气病，两腿瘫软，不能直立行走，这就是干性脚气病。如果心脏受了障碍，影响了血液循环，就有两腿浮肿的现象，这就是湿性脚气病。

如果我们的身体缺乏核黄素（二号乙种维生素），就会发生口角炎、唇炎、舌炎，或者有阴囊皮炎、颜面皮肤炎等症状。

如果我们的身体缺乏尼克酸（也是一种乙种维生素），就会发生神经、皮肤和肠胃系统的各种症状。神经症状严重的人会发呆。皮肤症状最常见的就是癞皮病：皮肤发炎、红肿、发黑变硬、起皱纹、有裂缝。肠胃症状主要的是腹泻，拉出的屎像水一样，混杂着未消化的食物，气味难闻得很，有时候可以一天拉 30 多次；如果治疗不当，也可以引起死亡。

如果我们的身体缺乏丙种维生素（这种维生素虽然不存在粮食里面，但也是我们不可缺少的一种营养成分；一切新鲜的蔬菜和水果，如辣椒、番茄、橘子、橙子、柚子、柠檬、白菜、萝卜等里面都有它），骨头容易变质，牙齿容易坏，微血管容易破裂出血，结果就会成为坏血病。

丙种维生素在我们身体里面，可以促进抗体的产生，增

名师批注

用固定的排比句式“如果我们的身体缺乏……”强调了维生素与人体健康关系密切，并举例介绍缺乏维生素会引发的不良症状。

加人体对传染病的抵抗力。

此外，还有丁种、戊种和子种等各种维生素，在这里就不一个一个细讲了。

这样说来，我们的食物里面所含有的各种营养成分，对于我们的身体是非常需要的。可是，这些营养成分，在精白细粮里面的含量不足人体的需要，大多数的粗粮里面才有充足的含量。吃细粮，也吃粗粮，我们身体在这方面的需要就能得到完全满足。这样看来，粗粮细粮都吃的人的身体比单吃细粮的人好，难道还不够明显吗？

第四，我们还指出了粗粮的价钱比细粮贱。

有一位经济专家说："白米白面，不但营养价值不如粗粮，而且价钱反而贵得多。譬如说，一斤大米价格是二角一分，一斤白面约合到一角九分，而一斤小米只有一角四分，一斤玉米面只要一角二分。这就是说，买一斤大米的钱，够买一斤半小米；买一斤白面的钱，也可以买一斤九两多玉米面。那么，我们为什么不掺和着吃些粗粮，省下钱来多买一些副食品吃呢？"

说到这里，有一位有胃病的同志提出了疑问，他说："粗粮怕不会比细粮容易消化吧？"

名师批注

话锋一转，承上启下，过渡自然流畅。

营养专家说："我们必须从影响消化的各种因素来看问题。先要看我们的食物里面所含的粗纤维多不多。任何食物都含有一定分量的粗纤维，粗纤维有刺激肠蠕动的作用。如果食物所含的粗纤维过多了，肠蠕动受了过分的刺激，使食物在比较短的时间内就通过消化器官，以致消化液不能有充分的时间发挥分解食物的作用，便会造成消化不良。但是如果粗纤维含量过少了，也会影响肠蠕动不良，容易引起便秘。因此，食物中有适当含量的粗纤维（每天每人 5—10 克），那是必需的。有些粗粮如高粱和小米，粗纤维的含量不比细粮高，其他粗粮的粗纤维的含量，除了大麦、莜麦之外，也不至于对消化有什么影响。

“容易消化不容易消化再要看怎样煮法。大米煮熟以后是比高粱米和小米煮熟后消化得要快一些，但是如果将大米磨成米粉，再用水来煮，它的消化速度和经过同样处理的高粱粉和小米粉并没有什么区别。

“容易消化不容易消化更要看怎样吃法。有许多人吃东西是采取狼吞虎咽的办法，不经过咀嚼，没有发挥唾液的消化作用就吞下去，这样的吃法，不但粗粮不容易消化，就是吃细粮也一样不会消化完全的。此外，每次吃的分量，也会影响到消化的能力。

“还有，人体消化器官的功能和饮食习惯也有很大的关系。没有习惯吃粗粮的人，吃了粗粮之后先是不容易消化的，到习惯以后，一样可以很好地消化这些粮食。”

最后，有些同志提出粗粮好吃不好吃的问题。

他们说：“吃粗粮虽然比吃细粮好，但是粗粮究竟没有细粮好吃呀！”

营养专家说：“白米、白面比较粗粮容易做得好吃些，但人们觉得白米、白面好吃，有一部分还是由于老的习惯。这种习惯是可以逐渐改变的，觉得好吃不好吃的标准也是可以逐渐改变的。况且，粗粮如果能稍稍加以精制和调和，也可以使它更适合人们的口味。在粗粮的制作方面，只要能注意多种多样化，时常改变花样，就可以提高人们对粗粮制品的兴趣。把小米面、玉米面和黄豆面三种混合起来吃，不但营养价值能增高，滋味也是很好的。”

名师批注

营养专家从专业的角度解答问题并提出办法解决问题，阐述了食用粗粮的好处。

我们在主食中吃粗粮以后，就可以将节余下来的伙食费，增买一些蔬菜。每人最好每天吃到蔬菜一斤，其中有一半是叶菜，尤其是绿叶菜（绿叶菜含有丰富的胡萝卜素和丙种维生素）。在冬季绿叶菜比较少些，可以多吃豆芽和甜薯，这两种食物都含有很丰富的丙种维生素。其他副食品要看经济条件而定，如果不能吃到鸡蛋和瘦肉、肝类的话，就多吃些黄豆制品如豆腐等。

此外，在烹饪操作上也还有几点要注意的地方：

（一）维生素大多数都是有机酸，它们都是怕碱的，所以做饭、做菜都不要加碱，免得维生素受到破坏。

（二）丙种维生素和乙种维生素都是容易溶解在水里的，它们又都怕热，所以不要用热水洗菜，应该先洗后切，切好马上下锅。洗米的时候次数也不要洗得太多，不使这些维生素损失掉。

（三）把米或其他食物放在不透气的蒸锅里蒸，不用火焰直接来煮，是一种很好的烹饪方法。蒸汽的压力不但能使食物熟得快，而且食物的营养成分也能够保存下来。

我们的党和毛主席是关心我们每一个人的健康的。我们的伙食，如果按照上面所讲的原则来改善，我们的健康状况一定可以提高，大家将有更充沛的精神和体力投身到祖国的经济建设事业中去。

1954 年 1 月

名师批注

在“吃”这一方面既有食材的讲究，也有烹饪要注意的要点。

名师点拨

这次营养座谈会主要探讨了五个问题：一是主食与副食的关系；二是粗粮和细粮的区别；三是我们身体需要的营养成分；四是粗粮与细粮的价格差异；最后是口味问题。各位专家一一为我们做了辩证的解答，并给出了有效的科学建议，值得读者朋友们牢记于心，并实践到日常生活中。只有这样大家才能拥有健康的身体，用更强大的力量投入到为祖国奋斗的事业中去！

好词佳句

☆ 富裕　掺和　狼吞虎咽　充沛

☆ 我们身体每天所需要的营养成分，就是碳水化合物、脂肪、蛋白质、无机盐和维生素等，因此，我们每天所吃的食物里面也必须含有它们，一种也不能缺少。

☆ 铁是造血的原料，钙是制骨的器材，磷是大脑、神经、奶汁、骨的建筑用品，碘可以预防“甲状腺”的肿大，其他如钠、钾、镁等也各有各的用处。

趣味思考

读完本文后，你收获了哪些饮食建议，我们在日常生活中又应该怎么做呢？

灰尘的旅行

名师带你读

灰尘是可见的，四处都有它的踪迹；细菌是难见的，只有在阳光照射下才能看见稍大的灰尘，它们甚至可以比细菌还小！这些神奇的灰尘到底是如何旅行的，又有什么危害呢？

灰尘是地球上永不疲倦的旅行者，它随着空气的动荡而飘流。

我们周围的空气，从室内到室外，从城市到郊野，从平地到高山，从沙漠到海洋，几乎处处都有它的行踪。真正没有灰尘的空间，只有在实验室里才能制造出来。

在晴朗的天空下，灰尘是看不见的，只有当太阳的光线从百叶窗的隙缝里射进黑暗的房间的时候，可以清楚地看到无数的灰尘在空中飘舞。大的灰尘肉眼固然也可以看得见，小的灰尘比细菌还小，就用显微镜也观察不到。

根据科学家测验的结果，在干燥的日子里，城市街道上的空气，每一立方厘米大约有 10 万粒以上的灰尘；在海洋上空的空气里，每一立方厘米大约有 1000 多粒灰尘；在旷野和高山的空气里，每一立方厘米只有几十粒灰尘；在住宅区的空气里，灰尘要多得多。

名师批注

运用列数据、举例子的方法说明越靠近城市中心，灰尘的数量越多。

这样多的灰尘在空中游荡着，对气象的变化产生了不小的影响。原来灰尘还是制造云雾和雨点的小工程师，它们会帮助空气中的水分凝结成云雾和雨点，没有它们，就没有白云在天空遨游，也没有大雨和小雨了。没有它们，在夏天，强烈的日光将直接照射在大地上，使气温不能降低。这是灰尘在自然界的功用。

在宁静的空气里，灰尘开始以不同的速度下落，这样，过了许多日子，就在屋顶上、门窗上、书架上、桌面上和地板上，铺上了一层灰尘。这些灰尘，又会因空气的动荡而上升，风把它们吹送到遥远的地方去。

1883年，在印度尼西亚的一个岛上，有一座叫作克拉卡托的火山爆发了。在喷发的时候，岛的大部分被炸掉了，最细的火山灰尘上升到八万米——比珠穆朗玛峰还高八倍的高空，周游了全世界，而且还停留在高空一年多。这是灰尘最高最远的一次旅行了。

名师批注

举例灰尘的这一次特殊旅行，呼应主题。

如果我们追问一下，灰尘都是从什么地方来的？到底是些什么东西呢？我们可以得到下面一系列的答案：有的是来自山地的岩石的碎屑，有的是来自田野的干燥土末，有的是来自海面的由浪花蒸发后生成的食盐粉末，有的是来自上面所说的火山灰，还有的是来自星际空间的宇宙尘。这些都是天然的灰尘。

还有人工的灰尘，主要是来自烟囱的烟尘，此外还有水泥厂、冶金厂、化学工厂、陶瓷厂、锯木厂、纺织工厂、呢绒工厂、面粉工厂等，这些工厂都是灰尘的制造所。

除了这些无机的灰尘外，还有有机的灰尘。有机的灰尘来自生物的家乡。有的来自植物之家，如花粉、棉絮、柳絮、种子、苞芽等，还有各种细菌和病毒。有的来自动物之家，如皮屑、毛发、鸟羽、蝉翼、虫卵、蛹壳等，还有人畜的粪便。

有许多种灰尘对人类的生活是有危害性的。自从有机物参加到灰尘的队伍以来，这种危害性就更加严重了。

灰尘的旅行，对人类的生活有什么危害性呢？

它们不但把我们的空气弄脏，还会弄脏我们的房屋、墙壁、家具、衣服，以及手上和脸上的皮肤。它们落到车床内部，

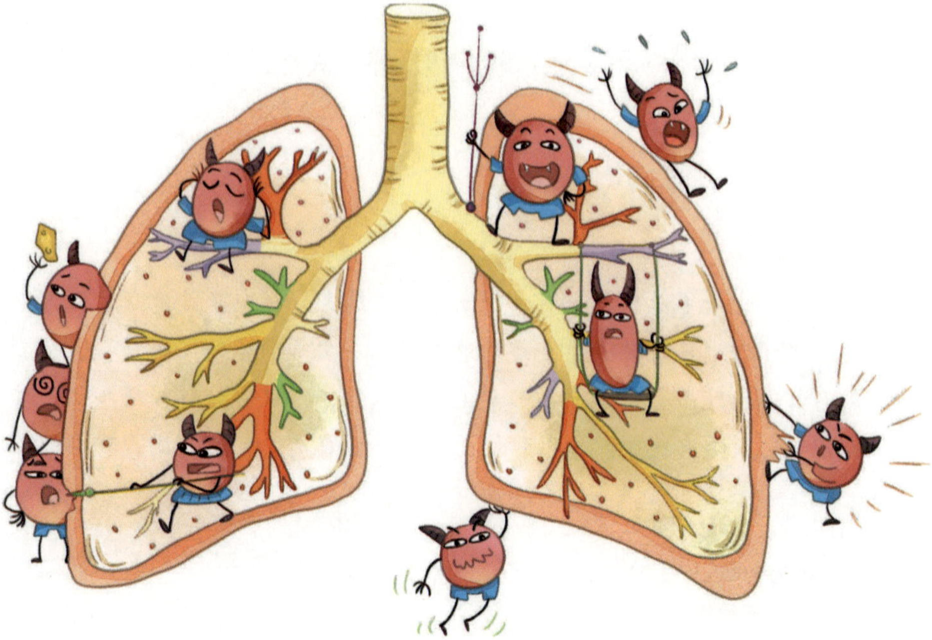

会使机器的光滑部分磨坏；它们停留在汽缸里面，会使内燃机的活塞发生阻碍；它们还会毁坏我们的工业成品，把它们变成废品。这些还是小事。灰尘里面还夹杂着病菌和病毒，它们是我们健康的最危险的敌人。

灰尘是呼吸道的破坏者，它们会使鼻孔不通、气管发炎、肺部受伤，而引起伤风、流行性感冒、肺炎等传染病。如果在灰尘里边混进了结核菌，那就更危险了。所以必须禁止随地吐痰。此外，金属的灰尘特别是铅，会使人中毒；石灰和水泥的灰尘，会损害我们的肺，还会腐蚀我们的皮肤。花粉的灰尘会使人发生哮喘病。在这些情况之下，为了抵抗灰尘的进攻，我们必须戴上面具或口罩。最后，灰尘还会引起爆炸，这是严重的事故，必须加以防止。

因此，灰尘必须受人类的监督，不能让它们乱飞乱窜。

我们要把马路铺上柏油，让喷水汽车喷洒街道，把城市和工业区变成花园，让每一个工厂都有通风设备和吸尘设备，让一切生产过程和工人都受到严格的保护。

名师批注

灰尘不仅影响环境卫生，还对人类健康有危害。

近年来，科学家已发明了用高压电流来捕捉灰尘的办法。人类正在努力控制灰尘的旅行，使它们不再成为人类的祸害，而为人类的利益服务。

1956 年 10 月

名师点拨

灰尘是不倦的旅行者，哪里都有它的身影；灰尘是隐身的超人，只有当阳光射进黑暗时才能看清它的模样；灰尘是勤劳的工程师，没有它就没有云雨，气温不能降低……灰尘也是祸害，不仅会弄脏损坏物品，甚至直接威胁人类的健康。所以我们必须好好监督灰尘，使它成为我们的帮手而不是杀手。

好词佳句

☆ 永不疲倦　游荡　遨游　腐蚀

☆ 灰尘是地球上永不疲倦的旅行者，它随着空气的动荡而飘流。

趣味思考

我们应该如何监督且利用好灰尘呢?

土壤世界（节选）

名师带你读

很多人对土壤抱有偏见，不仅不重视还轻视，认为它们肮脏、死气沉沉，实在是谬论！其实土壤是生命的源泉，是庄稼最好的朋友，是我们必须重视的帮手。那土壤对我们、对大自然到底有什么贡献？又是如何形成的呢？

土壤——绿色植物的工厂

在一般人的心目中，土壤没有受到应有的重视。有些人认为：土壤就是肮脏的泥土，它是死气沉沉的东西，静伏在我们的脚下不动，并且和一切腐败的物质同流合污。

这种轻视土壤的思想，是和轻视劳动的态度联在一起的。这是对土壤极大的诬蔑。

在我们劳动人民的眼光里，土壤是庄稼最好的朋友。要使庄稼长得好，要多打粮食，就得在土壤身上多下点功夫。

要知道，土壤和阳光、空气、水一样，都是生命的源泉。“万物土中生”，这是我国的一句老话。苏联作家伊林，也曾把土壤叫作“奇异的仓库”。

不错，土壤的确是生产的能手，它对人类生活的贡献非常大。我们的衣、食、住、行和其他生活资料都靠它供应。它给我们生产粮食、棉花、蔬菜、水果、饲料、木材和工业原料。

老实说，没有土壤我们就不能生存。

因此，我们要很好地去认识土壤，了解它，爱护它。

土壤是制造绿色植物的工厂，它对植物的生活负有大部

名师批注

作者提出部分人对土壤的偏见，并以此为基调展开论述，为下文给土壤正名作铺垫，欲扬先抑，有理有据。

分的责任，它是植物水分和养料的供应者。

纯粹的泥土，没有水分和养料的泥土，不能叫作土壤。土壤这个概念，是和它的肥力分不开的。

名师批注

阐述成为土壤的三个条件：泥土、水分、养料。

肥力就是生长植物的能力，就是水分和养料。这些水分和养料，被植物的根系吸取，通过叶绿素的光合作用，在阳光照耀之下，它们会同空气中的二氧化碳，变成植物的有机质。

能生长植物的泥土，就叫作土壤。这是苏联伟大的土壤学家威廉士给土壤所下的科学定义。他说："当我们谈到土壤时，应该把它理解为地球上陆地的松软表面地层，能够生长植物的表层。"

肥沃性是土壤的特点，它随着环境条件的改变经常不断地发生着变化。

有的土壤肥沃，有的土壤贫瘠。

肥沃的土壤是丰收的保证；贫瘠的土壤给我们带来不幸的歉年。

土壤一旦失去肥力，不能生长植物，就变成毫无价值的泥土而不再是土壤了。

土壤是大实验室、大工厂、大战场。在这儿，经常不断地进行着物理、化学和生物学的变化；在这儿，昼夜不息地进行着破坏和建设两大工程；在这儿，也进行着生和死的搏斗、

生物和非生物的大混战，情况非常热烈而紧张。

在参加作战的行列中，有矿物部队，如各种无机盐；有植物部队，如枯草和落叶，以及各种植物的根；有动物部队，如蚂蚁、蚯蚓和各种昆虫，以及腐烂的尸体；有微生物部队，如原虫、藻类、真菌、放线菌和鼎鼎大名的细菌等。此外，还有水的部队和空气部队。所以有人说："土壤是死自然和活自然的统一体。"这句话真不错。

自从人类进入这个大战场之后，人就变成决定土壤命运的主人。

人类向土壤进行一系列的有计划的战斗，例如耕作、灌溉、施肥和合理轮作等。于是，土壤开始为农业生产服务，不能不听人的指挥、服从人的意志了。这样，土壤就变成了人类劳动的产物，为人类造福。

土壤是怎样形成的

大约几万万年以前，当地球还非常年轻的时候，地面上尽是高山和岩石，既没有平地，也没有泥土。大地上是一片寂寞荒凉的景象，毫无生命气息。

白天，烈日当空，石头被晒得又热又烫；晚上，受着寒气的袭击，骤然变冷。夏天和冬天相差得更厉害。几千万年过去了，这一热一冷，一胀一缩，终于使石头产生了裂缝。

有的时候，阴云密布、大雨滂沱，雨水冲进了石头裂缝里面，有一部分石头就被溶解。

到了寒冷的季节，水凝结成冰，冰的体积比水的体积大，更容易把石头胀破。

狂风吹起来了，像疯子一样，吹得飞沙走石，连大石头都摇动了。

还有冰川的作用，也给石头施上很大的压力，使它们破碎。

就是这样：风吹、雨打、太阳晒和冰川的作用，几千万年过去了，石头从山上滚落下来，大石块变成小石块，小石块变成石子，石子变成沙子，沙子变成泥土。

这些沙子和泥土，被大水冲刷下来，慢慢地沉积在山谷里，日子久了，山谷就变成平地。从此，漫山遍野都是泥土。这是风化过程。

但是呀！泥土还不是土壤，泥土只是制作土壤的原料。要泥土变成土壤，还得经过生物界的劳动。

首先，是微生物的劳动。

微生物是第一批土壤的劳动者。在生命开始那一天，它们就参加建设土壤的工作了。微生物是极小极小的生物，它们的代表是原虫、藻类、真菌、放线菌和鼎鼎大名的细菌。

这些微生物繁殖力非常强，只要有一点点水分和养料，就会迅速地繁殖起来。它们对养料的要求并不高，有的时候有点硫黄或铁粉就可以充饥；有的时候能吸取到空气中的氮也可以养活自己，于是泥土里就有了氮的化合物的成分。同时，泥土也变得疏松了些。这是泥土变成土壤的第一步。

但是，微生物的身子很小，它们的能力究竟有限，不能改变泥土的整个面貌，只能为比它们大一点的生物铺平生活的道路。经过若干年以后，另外一种比较高级的生物——像地衣之类的东西——就在泥土里出现了。它们的生活条件稍微高一点。它们死后，泥土里的有机质和腐殖质的成分又多了一些，泥土也变得更肥沃一些。

随着生物的进化，苔藓类和羊齿类的植物相继出现了。

每一次更高一级的生物的出现，都给泥土带来了新的有机质和腐殖质的内容。

这样，慢慢地，一步一步地，泥土就变成了土壤。

如果没有生物界的劳动，泥土变成土壤，是不能想象的。

名师批注

泥土进化成土壤的过程复杂且时间漫长。同时也证明了土壤在形成过程中微生物（细菌）功不可没。

不过，在不同的地方，不同的泥土、不同的气候、不同的地形和不同的生物，都会影响土壤的性质。

对于植物的生活来说，随着自然的发展，有时候土壤会变得更加肥沃，有时候土壤也会变得贫瘠。

农民带着锄头和犁耙来同土壤打交道，要它们生产什么，就生产什么；要它们生产多少，就生产多少。在人的管理下，土壤不断地向前革命。

在我们社会主义国家里，土壤的情绪是非常饱满而乐观的，它们都以忘我的劳动为农业生产服务。

什么决定土壤的性质

土壤的种类繁多，名称不一，有什么黑钙土、栗钙土、红壤、黄壤之类奇异的名称。这些不同名称的土壤，各有不同的性质，有的非常肥沃，有的十分贫瘠。

决定土壤性质的有五种因素，这些就是：母质、气候、地形、生物和土壤年龄。

名师批注

高度概括了决定土壤性质的五个因素，总领下文，层次分明。

先谈谈母质。

母质又叫作生土，它们是土壤的父母，岩石的儿女。土壤都是由母质变来的，母质又都是从岩石变来的。

地球上岩石的种类也很多：有白色的石英岩；有灰色的石灰岩；有斑斑点点的花岗岩；有一片一片的云母岩等等。这些不同的岩石，是由不同的矿物组成的。不同的矿物具有不同的性质，有的容易分解和溶解，有的比较难，它们的化学成分也不相同。

母质既然是岩石的儿女，它们的化学成分既受岩石的影响，又转过来影响土壤质量的好坏。例如：母质所含的碳酸盐越多，土壤也就越肥沃；相反，如果碳酸盐缺少，土壤就变得贫瘠。

母质——土壤的父母，它们的密度、多孔性和导热性也影响土壤的性质。如果母质是疏松多孔又容易导热，就能使土壤里有充分的空气和水分，那么土壤的肥沃性就有了保证。

其次谈气候。

不同的地区，有不同的气候。风、湿度、蒸发的作用、温度和雨量，都是气候的要素，它们都会影响土壤的性质。其中以温度和雨量的作用更为显著。温度越高，土壤里的物理、化学和生物学的变化就进行得越快；温度越低就进行得越慢。雨量越多，土壤里淋洗的作用就越强，很多的无机盐和腐殖质就会被带走。雨量越少，土壤就会变得越干燥，淋洗作用也减弱。

第三谈地形。

地形的不同，对土壤的性质也有很大影响。这是由于气候和地形的关系很密切，往往由于一山之隔，山前山后，山上山下的气候都不相同。一般说来：地势越高，气候越冷；地势越低，气候越热；背阴的地方冷，向阳的地方热。如果是斜坡，土壤容易滑下来，土层就不厚；如果是洼地，土粒就很容易聚集起来，土层就堆得厚。地势越高，地下水越深；地势越低，地下水离地面越近。

所以，由于地形的不同，影响了土壤的性质，使有些地方植物生长得很好，有些地方植物生长得不好。

第四谈生物。

生物界对土壤的影响是很大的，它们的行列中有植物、动物和微生物。

植物是土壤养料的蓄积者，它们的遗体留在土中，可以增加土壤有机质和腐殖质的成分，以供微生物活动的需要。

名师批注

植物的生长受光合作用的影响。而影响光合作用的有：光照、温度、水分等因素，因此地形的不同对这些因素的影响也不一样。

植物的根还会分泌带有酸性的化合物，可以使土壤中难于分解的矿物质得到分解。

由于植物的覆盖，可以改变气候，就会使土壤的性质发生变化。例如：森林能缓和风力，积蓄雨水和雪水，润湿空气，减少土壤的蒸发。

动物中如蚯蚓、蚂蚁和各种昆虫的幼虫，也都是土壤的建设者，它们在土壤里钻来钻去，经过它们的活动，就会使土粒松软。

微生物对土壤的性质影响更大。微生物的代表有原虫、藻类、真菌、放线菌和细菌，它们一面破坏复杂的有机物，一面建设简单的无机盐，促进了土壤的变化，使植物能得到更多的养料。它们之中，以细菌最为活跃，细菌不但是空气中氮素的固定者，它们还经常和豆科植物合作，把更多的氮素固定起来，使土壤肥沃，就是它们死后的残体也变成了植物的养料。

名师批注

微生物不仅起到固定肥力的作用，还能成为养料，实在是土壤的好帮手。

最后谈土壤年龄。

土壤的年龄有大有小。土壤从它的发生到现在，一直都在变化和发展。它由一种土壤变成另一种不同的土壤，因而土壤的年龄和它的性质是有关系的。土壤越老，它的内容越复杂。

以上五种因素，对于土壤的性质都有影响。但是，它们都可以由人类来控制。人类向大自然进军的目的，就是要改变土壤的性质，用人的劳动来控制土壤发展的方向，使它能更好地为农业生产服务。

名师点拨

土壤被称为奇异的仓库、生产的能手，甚至可以说没有土壤我们就不能生存，所以我们必须去了解它、爱护它。首先向我们科普肥沃是土壤的特点；接着又从微生物讲起，带我们去探寻土壤形成的历史；最后详细地解答了“什么决定土壤的性质”这个问题，可以说很好地普及了土壤知识，令读者受益匪浅。

好词佳句

☆ 同流合污　诬蔑　贫瘠　灌溉　阴云密布　滂沱

☆ 要知道，土壤和阳光、空气、水一样，都是生命的源泉。“万物土中生”，这是我国的一句老话。苏联作家伊林，也曾把土壤叫作“奇异的仓库”。

☆ 在这儿，经常不断地进行着物理、化学和生物学的变化；在这儿，昼夜不息地进行着破坏和建设两大工程；在这儿，也进行着生和死的搏斗、生物和非生物的大混战，情况非常热烈而紧张。

☆ 动物中如蚯蚓、蚂蚁和各种昆虫的幼虫，也都是土壤的建设者，它们在土壤里钻来钻去，经过它们的活动，就会使土粒松软。

趣味思考

什么决定了土壤的性质？

未来的旅行

名师带你读

你喜欢旅行吗？俗话说：“读万卷书，行万里路。”旅行无论是对学习，还是对交流都有数不清的好处。而且随着时代日新月异的进步，旅行也发生着不断的变化。那你有幻想过未来的旅行吗？

我很荣幸地收到《环球旅行》杂志总编辑的来信，为了庆祝这个刊物诞生一百周年，要我写一篇文章来纪念它。

旅行对于每一个人来说，都是一件愉快而有意义的事情。你到的地方越多，见闻越广，知识增加得越快，对世界的认识也更全面。

名师批注

俗话说：“读万卷书，行万里路。”说的就是这个理。旅行能让我们了解风土人情，赏游人文景观，开阔眼界，增长见识，还能将理论与实践相结合，学以致用。

国际间的旅行访问，有助于促进经济和文化的交流，并且在旅行者的心里产生一种国际友谊感。这种感情，显然是国际友好合作的基础。

这些都是旅行的好处。

但是，你的旅行计划不能单靠徒步来完成，必须掌握住一定的交通工具。

要想到远方去旅行，只有依靠现代化的交通工具，从火车、轮船到汽车、飞机才办得到。

社会的发展使越来越多的人能享受旅行的权利。

随着时代的进步，人民的生活不断提高，工作时间缩短，每年又有一定的假期，人人都想去旅行。旅行就不是几个人、几十人、几百人的事情，而是几亿人的事，几亿人都想行动

名师批注

随着物质生活水平的提高，人们对精神文化生活的需求也日益增长。这里，作者开始对未来旅行展开美好畅想。

起来，这就不简单。

首先，必须简化旅行的手续，让几亿人都预先来登记，说出自己的旅行目的和愿望。

其次，要组织起来，有计划地集体去旅行。

再过一百年后，也许现在的火车、轮船、汽车和飞机，都要退出历史舞台，被送进古物陈列馆了。

那时候，地球上将出现各种类型的新的交通工具，其中最引人注目的就是水、陆、空和海底四用的原子飞船。

这是一种大型的交通工具，可以容纳得下几百人到几千人的乘客。

它能以每小时几千千米的速度在二三十千米以外的高空飞行。

在陆地上它能沿着公路前进。

它能在海洋上乘风破浪。

它又能变成潜艇在海底活动。

这种新型的交通工具，是由原子发动机来开动的。

原子发动机，不用汽油和别的燃料，而只用几公斤的铀就可以了，同时对放射性的危害性防护得非常周密。

这种原子飞船有精密的无线电装置，可以用无线电来导航，它的一切机器都由电子计算机来管理。

全部机器的零件，都是用特种塑料制成的，既轻便又坚固耐用。

这种飞船都装有感光的仪器，遇到面前有障碍物的时候，都会自动地更换方向或自动刹车。

它还有调节空气的自动设备，在任何恶劣的环境里，使温度、湿度、气压和氧气的供应都适合人体的需要。你坐在里面，夏天觉得非常凉爽，冬天觉得非常温暖。

在每一个座位上，你会发现有一架电视电话机，你可以同你远方的亲友面对面地谈话。

它又有一种陀螺仪器控制的装置，能自动消灭摇晃，使旅客免除晕船的痛苦。这样，就使旅客们产生一种安全感。

为了旅客的便利，全世界各大城市都建立了万人大旅馆和万人大食堂，它们的设备都是自动化的。在各古迹名胜、游览胜地，也都设有旅行者之家，接待旅客的工作都做得非常周到。

虽然有了这些良好的工具和设备，但它们还不能满足旅行者的要求。21 世纪 60 年代的人们对旅行的兴趣，已经越出了地球范围以外。那时候，宇宙航行事业进行得非常紧张热烈，全世界各地都有星际旅行服务站。地球和月球、地球和金星、地球和火星之间，已经开始定期通航；还有不少光子火箭，已经发射到太阳系以外，到更遥远的星星世界探险。月球、金星和火星上正在大搞基本建设，准备迎接一批又一批新来的客人。

到了 30 世纪以后，人类的交通网将遍布在宇宙空间，那

名师批注

作者通过对“原子飞船”的设想，从燃料、零件、设备等方面进行展望，全面具体。

时候，我想《环球旅行》杂志也要改名为《宇宙旅行》杂志了。

1960 年 8 月

名师点拨

未来的旅行是什么样子的呢？首先是简化旅行手续要组织集体旅行；其次旅行的交通方式也发生了变化，乘坐的是水、陆、空、海底四用的原子飞船，它不但精密智能，还舒适安全。接待旅客的设施也十分先进。不仅如此，未来旅行的范围从全球扩展到了全宇宙！

好词佳句

☆ 乘风破浪　精密

☆ 再过一百年后，也许现在的火车、轮船、汽车和飞机，都要退出历史舞台，被送进古物陈列馆了。

趣味思考

你心中未来的旅行是什么样子的？

庄稼的朋友和敌人

名师带你读

庄稼就像人一样，有几个好朋友，没有它们庄稼就不能很好地生长；当然庄稼也有一些可恶的敌人，它们严重威胁着庄稼的生命。这些好人、坏人都有谁呢？

庄稼有许多朋友和敌人。

庄稼的朋友，大多数都是化学王国的公民，有的出生在元素的大家庭；有的来自化合物的队伍，它们都是植物的生命建设者和保卫者。

这些朋友以氮、磷、钾三兄弟最受欢迎。这三兄弟就是肥料中的三宝，庄稼不能离开它们而生存，就跟不能离开水和二氧化碳一样。

名师批注 运用比喻的修辞手法，生动地说明了氮、磷、钾对庄稼的重要性和必要性。

没有氮，就没有蛋白质；没有蛋白质，就没有生命。如果土壤中的氮元素不够，植物的茎秆就会变得矮小微弱，叶子发黄，果实减少。

没有磷，细胞核就停止工作，细胞就不能繁殖。

没有钾，光合作用就不能顺利进行，对病虫害的抵抗力也会减弱。

所以要提高农作物的收获量，这三种元素必须源源不断地加以补充。

除了这三种元素以外，参加植物营养供应的还有钙、硫、镁、铁、硅五位朋友。这五位朋友的需要量对于植物来说虽然不大，在一般土壤里都能找到，但它们的存在也是不可缺少的。

缺少钙，根部和叶子就不能正常发育；

缺少硫，蛋白质的构造就不能完成；

缺少镁和铁，叶绿素就要破产；

缺少硅，庄稼就不能长得壮实。

参加植物生命活动的化学元素，还有硼、铜、锌和锰这几位朋友，因为它们在植物中的含量极其微小，常被认为是杂质而不加重视，现在我们知道，这些元素朋友也是庄稼所需要的。

有了硼，庄稼就能抵抗细菌的侵袭而不会生病。大麻、亚麻、甜菜、棉花等作物尤其需要它。

有了铜，可以使植物不会生病；铜元素又是细胞内氧化过程的催化剂。有了它，大麦、小麦、燕麦、甜菜和大麻的产量就会提高。

有了锌，植物的叶子就不会发生大理石状斑纹的毛病。

有了锰，就会使土壤更加肥沃。有很多农作物如小麦、稻子、燕麦、大麦、豌豆和苜蓿草等都需要它。

庄稼的敌人，给植物的生命以严重的威胁，给农业生产带来了莫大的灾害和损失。

第一批敌人，是杂草。杂草是植物界的殖民主义者，它侵占庄稼的土地，掠夺养料和水分，并且给农作物的收割造成巨大的困难。

庄稼在它的生命旅途中，要和六十种以上的杂草进行斗争。这时候从化合物的队伍里来了一位庄稼的朋友，叫作生长刺激剂，是一种化学药剂，能抑制各种阔叶杂草的生长，每 15 亩土地只需要二三斤，就能把杂草的地上部分以及深达地下三分之一米的根部都毒死了，而对农作物却毫无害处。这种化学药剂，又叫作植物生长调节剂，由于它是一种复杂的有机酸，用它可以防止苹果树的苹果早期脱落，又可以使番茄、茄子、黄瓜、梨和西瓜之类的植物结出无籽的果实。

第二批敌人，是啮齿类动物，包括黄鼠、田鼠和家鼠，它们都是谷物的侵略者。估计一头家鼠和它所繁殖的后代，一年内能够吃掉 100 公斤以上的粮食。在这里，从化合物队伍里又来了一位朋友，叫作磷化锌，是一种有毒的化学药剂，把它和点心混合在一起，老鼠吃了就会毙命。

第三批敌人，就是害虫和病菌，也包括病毒在内。对农业危害极大的亚洲蝗虫、甜菜的象鼻虫、黑穗病的病菌、烟草花叶病的病毒等，都是著名的例子。

农业害虫估计共有六千种以上，每年都给粮食作物和经济作物的收成以极大的打击，亏得从化学阵营里又赶来一大批支援农业的队伍，帮助农作物战胜病虫害。例如有一种含砷的化学药剂，叫作亚砷酸钙，它不但可以防治农作物的害虫，也可以用来防治果树的害虫。

还有许多种含铜、含硫和含汞等类的化学药剂，都有杀

名师批注

详细介绍了危害庄稼生长的敌人：杂草、啮齿类动物、害虫和病菌。不过幸好庄稼有好帮手们能将它们一一制服。

虫灭菌之功。

此外，以虫治虫、以菌治虫的办法普及以来，庄稼丰收更有了保证。

庄稼有了化学和生物的朋友，就不怕生物界敌人的进攻了。

人们认清了庄稼的朋友和敌人，掌握了它们变化、发展的规律，就能发挥更大的作用，为农业生产服务。

1961 年 1 月

名师点拨

庄稼有许多“来自各地”的好朋友，它们都是植物的生命建设者和保卫者，其中最受欢迎的是氮、磷、钾三兄弟，没有它们庄稼甚至不能生存。诸如钙、镁等营养供应也必不可少，还有微量元素铜、锌等几位兄弟可以帮助庄稼更好地生长。敌人分为三批，分别是杂草、啮齿类动物、害虫和病菌，它们危害极大，不过幸好庄稼的朋友们神通广大，可以一一将它们制服。

好词佳句

☆ 源源不断　威胁　掠夺　支援

☆ 这些朋友以氮、磷、钾三兄弟最受欢迎。这三兄弟就是肥料中的三宝，庄稼不能离开它们而生存，就跟不能离开水和二氧化碳一样。

☆ 杂草是植物界的殖民主义者，它侵占庄稼的土地，掠夺养料和水分，并且给农作物的收割造成巨大的困难。

趣味思考

庄稼的敌人各有什么克星？

大力宣传戒烟

名师带你读

吸烟有害身体健康是被全世界所公认的，每年因为吸烟而死的人至少有100万！因此戒烟日益成为世界关注的一大难题，那么怎样才能有效地戒烟呢？

吸烟可能是世界上损害健康的一个最大的原因，估计得保守一点，每年至少有100万男女死于吸烟。

烟，几乎成了世界抨击的对象，戒烟宣传风行全球。烟危害之烈，是由于烟中的尼古丁被血液吸收而引起的。

名师批注

开门见山，点明主题。吸烟有害健康的原因是因为烟中的尼古丁被血液吸收而引起的，其危害性巨大。

尼古丁进入血液之后，人就会发生种种疾病，如肺癌、动脉硬化症、心脏病、气管炎等。尼古丁对身体的毒性作用是很大的。

烟中的尼古丁能够溶解在酒精里，所以边饮酒边吸烟的人，尼古丁就会很快地进入血液。

吸入人体的尼古丁是在肝脏解毒的，而酒精却直接破坏肝脏的解毒功能。

过滤嘴烟实际上只是一种减毒纸烟。吸过滤嘴烟，可使吸烟人受害小些、慢些，但并非无害。

过滤嘴虽能滤过一部分毒素，但是过滤嘴会使烟燃烧不充分。吸过滤嘴烟的人血液中一氧化碳含量比吸普通烟者要高20%。因此，加过滤嘴并没有解决根本问题。

大量的资料充分说明，吸烟不仅有害自己，而且烟雾弥漫，影响周围不吸烟的人。更为严重的，妇女吸烟还危害胎

名师批注

抽烟者往往会把烟雾吐出来，

不吸烟者会被动地吸入烟，这就是俗称的“二手烟”。“二手烟”的危害极大，特别是对孕妇儿童尤为严重，所以公共场合不要抽烟。

儿正常的生长发育和影响儿童身心的健康。

那么，怎样才能有效地戒烟呢？

主要应当依靠吸烟者的决心和毅力。有的人指出，服用小苏打有助于戒烟，还有各种戒烟糖和药方。总之，戒烟是有办法的，也是能够戒掉的。

我希望广大的医务工作者都要像今天的医学专家们一样，身体力行，在本地区内，采取各种不同形式，大力宣传吸烟害处，积极创作这方面的科普作品。同时，我们的医务工作者，更要身教重于言教，在宣传吸烟有害与戒烟中，起模范带头作用。同志们：让我们共同努力，摒弃吸烟这个不良嗜好，身体健康、精力充沛地为实现四个现代化作出贡献，为祖国增光添彩，为民族扬眉吐气吧！

1980 年 6 月

名师点拨

无论是对本人还是身边人，吸烟都具有极大的危害，每年因吸烟而死的人不计其数。所以为了我们的身体健康，科学有效地戒烟是十分必要的。首先是吸烟者本身的决心和毅力，其次还有一些药方，医生们也要大力宣传科普吸烟的危害。总之坚持科学方法戒烟是可以实现的，并且是对自身和社会都大有益处的行为。

好词佳句

☆ 抨击　嗜好　精力充沛　扬眉吐气

☆ 让我们共同努力，摒弃吸烟这个不良嗜好，身体健康、精力充沛地为实现四个现代化作出贡献，为祖国增光添彩，为民族扬眉吐气吧！

趣味思考

吸烟是如何危害人的身体健康的？

笑

名师带你读

在我们的脸上常常洋溢着笑容，笑是心情愉悦的表现，是表达友善的行为。但是你真的了解笑吗？笑这个动作可大可小，但内涵丰富，我们是怎么笑的？笑又对我们的身心健康有何帮助呢？

随着现代医学的发展，我们对笑的认识，更加深刻了。

笑，是心情愉快的表现，对健康是有益的。笑，是一种复杂的神经反射作用，当外界的一种笑料变成信号，通过感官传入大脑皮层，大脑皮层接到信号，就会立刻指挥肌肉或一部分肌肉动作起来。

小则嫣然一笑，笑容可掬，这不过是一种轻微的肌肉动作。一般的微笑，就是这样。

大则是爽朗的笑，放声的笑，不仅脸部肌肉动作，就是发声器官也动作起来。捧腹大笑，手舞足蹈，甚至全身肌肉、骨骼都动员起来了。

笑在胸腔，能扩张胸肌，肺部加强了运动，使人呼吸正常。

笑在肚子里，腹肌收缩了而又张开，及时产生胃液，帮助消化，增进食欲，促进人体的新陈代谢。

笑在心脏，血管的肌肉加强了运动，使血液循环加强，淋巴循环加快，使人面色红润，神采奕奕。

笑在全身，全身肌肉都动作起来。兴奋之余，使人睡眠充足，精神饱满。

名师批注

“笑”这个动作对全身各个器官能产生有益于身体健康的变化，所以在生活中我们要笑口常开。

笑，也是一种运动，不断地变化发展。笑的声音有大有小；有远有近；有高有低；有粗有细；有速有慢；有真有假；有聪明的，有笨拙的；有柔和的，有粗暴的；有爽朗的，有娇嫩的；有现实的，有浪漫的；有冷笑，有热情的笑，如此等等，不一而足，这是笑的辩证法。

笑有笑的哲学。

笑的本质，是精神愉快。

笑的现象，是让笑容、笑声伴随着你的生活。

笑的形式，多种多样，千姿百态，无时不有，无处不有。

笑的内容，丰富多彩，包括人的一生。

笑话、笑料的题材，比比皆是，可以汇编成专集。

笑有笑的医学。笑能治病。神经衰弱的人，要多笑。

笑可以消除肌肉过分紧张的状况，防止疼痛。

笑也有一个限度，适可而止，有高血压和患有心肌梗塞毛病的病人，不宜大笑。

笑有笑的心理学。各行各业的人，对于笑都有他们自己的看法，都有他们的心理特点。售货员对顾客一笑，这笑是有礼貌的笑，使顾客感到温暖。

笑有笑的政治学。做政治思想工作的人，非有笑容不可，不能板着面孔。

笑有笑的教育学。孔子说：“学而时习之，不亦说乎！”这是孔子勉励他的门生们要勤奋学习。读书是一件快乐的事。我们在学校里，常常听到读书声，夹着笑声。

笑有笑的艺术。演员的笑，笑得那样惬意、那样开心，所以，人们在看喜剧、滑稽戏和马戏等表演时，剧场里总是笑声不断。

笑有笑的文学。相声就是笑的文学。

笑有笑的诗歌。在春节期间，《人民日报》发表了有笑的诗。其内容是：“当你撕下 1981 年的第一张日历，你笑了，

名师批注

用排比句的形式从哲学、医学、心理学等方面阐述笑不仅仅是一个简单的肌肉运动，还有丰富内涵。

笑了，笑得这样甜蜜，是坚信：青春的树越长越葱茏？是祝愿：生命的花愈开愈艳丽？呵！在祖国新年建设的宏图中，你的笑一定是浓浓的春色一笔……”

笑，你是嘴边一朵花，在颈上花苑里开放。你是脸上一朵云，在眉宇双目间飞翔。

名师批注

作者把笑比作花、云等许多美好的事物，这是对笑的表白、对快乐的歌颂、对生活的热爱。

你是美的姐妹，艺术家的娇儿。

你是爱的伴侣，生活有了爱情，你笑得更甜。笑，你是治病的良方，健康的朋友。

你是一种动力，推动工作与生产前进。

笑是一种个人的创造，也是一种集体生活感情融洽的表现。

笑是一件大好事，笑是建设社会主义精神文明的一个方面。

我这篇科学小品，再加上外国的资料，可以在大百科全书中，在笑的项目下，占有一席的地位。

让全人类都有笑意、笑容和笑声，把悲惨的世界变成欢乐的海洋。

1981 年 4 月

名师点拨

笑的本质是精神愉快，是一种复杂的神经反射作用。微笑是轻微的肌肉运动，但大笑却可以调动全身进行运动，有利于促进全身心健康发展。笑绝不仅仅如此简单，笑里蕴含哲学、医学、心理学、政治学、教育学、艺术、诗歌……笑是如此美好欢乐，让大家笑口常开，形成一片欢笑的海洋吧！

好词佳句

☆ 嫣然一笑　笑容可掬　手舞足蹈　千姿百态　比比皆是

☆ 小则嫣然一笑，笑容可掬，这不过是一种轻微的肌肉动作。一般的微笑，就是这样。

☆ 笑，你是嘴边一朵花，在颈上花苑里开放。你是脸上一朵云，在眉宇双目间飞翔。

趣味思考

请仿照文中“笑，你是……”的格式，写下你理解的笑。

痰

名师带你读

梦回清朝康熙年间，皇帝竟然因为痰驾鹤西去，可见“痰”这东西实在是一大杀手，不知道有多少人因此丧命。你是否也会有这样的疑问：痰到底是什么？怎么会有如此大的威力？应该如何医治呢？

名师批注

作者先用历史故事开头，既能引起读者的兴趣，引人入胜，还可以保留悬念，为下文埋下伏笔，增加说服力。

请看历史的一幕：“清康熙六十一年，帝到畅春园……病症复重……御医轮流诊治服药全然无效，反加气喘痰涌……翌日晨……痰又上涌格外喘急……竟两眼一翻，归天去了。”

我这篇科学小品就从这里开始。

痰是疾病的罪魁，痰是死亡的魔手，痰是生命的凶敌，痰使肺停止了呼吸，痰使心脏停止了跳动，多少病人被痰夺去了生命。

人们常说：“人死一口痰。”实际上不是一口，而是痰堵塞了肺泡、气管，使人缺氧、窒息，翻上来、吐不出的却只是那一口痰。

从宏观来看，痰的外貌是一团黏液。从微观来看，痰里有细菌、病毒、细胞、白血球、红血球、盐花、灰尘和食物的残渣。痰就是这些分子的结合体。

感冒、伤风、着凉是生痰之母，是生痰的原因。

气管炎、肺气肿、肺心病是痰的儿女，是生痰的结果。

名师批注

运用比喻的

咳嗽是痰的亲密伙伴，喷嚏是痰的急先锋，而哼哼则是痰的交响乐。

有了痰就会产生炎症，有了痰就会体温升高，这就导致急性发作或慢性迁延。

有了痰后应该积极进行治疗。自然首先是要服药，服中药中的化痰药：去痰合剂、蛇胆陈皮末、竹沥和秋梨膏。服西药中的化痰药：氯化铵、利嗽平，包括消除炎症的土霉素、四环素、复方新诺明等药。一旦服药无效，情况严重，还要输液打针。常用的就是：青链霉素、庆大霉素、卡那霉素，必要时还要动用先锋霉素，当然，这要视是哪一种病菌在作怪而定。

然而，治莫过防；防患于未然，则事半功倍。怎样做到事先预防呢？第一，要预防感冒，小心不要着凉。传染病流行季节，不要到大庭广众中去。天气变凉时，要勤添衣服注意保暖。第二，一定要把痰吐在痰盂或手帕里。这一社会公德是为了避免病菌在广阔的空间漫游，产生更多进入人体的

修辞手法，生动说明痰形成前后的症状。

机会。不吸烟的人，不要去沾染恶癖。吸烟的人，一定要戒掉这生痰之“火”。否则，当你的生命进入中老年时期，就会陷入“喘喘”不可终日之中。

吸痰器也是人类和痰作战的有力武器。服药化痰固然是好，但光化不吸也是枉然。吸痰器的功能，就是要把痰从肺泡和气管中抽出来。自从有了吸痰器之后，老年人就不再愁患痰堵之苦。在有条件的情况下，甚至出外旅行也可以带着它走。

我希望在城市的每一条街道，在农村的每一个生产队，都备有这种武器，这是老年人的福音，它可以挽救多少条生命——使这些人在晚年的岁月中，为四化建设贡献自己毕生积累的宝贵经验和思想财富。

1982 年 2 月

名师点拨

痰好像在我们的生活中只是一种垃圾罢了，但其实它是生命的凶敌，从宏观来看痰是一团黏液，从微观来说是细菌病毒等物的结合体。感冒、着凉、伤风是生痰之母，它又催生出其他疾病来，因此我们应该积极治疗：首先是服药，其次是预防和处理，最后还要准备好吸痰器以防不时之需。

好词佳句

☆ 罪魁　防患于未然　事半功倍　福音

☆ 从宏观来看，痰的外貌是一团黏液。从微观来看，痰里有细菌、病毒、细胞、白血球、红血球、盐花、灰尘和食物的残渣。痰就是这些分子的结合体。

趣味思考

看完这篇文章的你还敢轻视痰吗？请你写一副标语告诉大家应该如何应对防范痰吧。

阅读延伸

同龄感悟

《灰尘的旅行》读后感

自从知道了列文虎克和他的显微镜，我第一次知道了微生物的世界。那是一个名副其实的“小人国”，那里的居民不计其数，无论是陆地、海洋和天空都有它们的踪影，比我们眼睛看得见的生物要多得多。

微生物到底有多小？为什么食物会长毛、会变质？细菌是动物还是植物？这些问题时常在我脑子里萦绕，有一天我终于在一本书中找到了答案。这本书就是我国著名科普作家高士其爷爷的《灰尘的旅行》。打开这本书，那个时而淘气、时而傲慢、时而伤感、时而狰狞的菌儿用它那诗一般优美的语言对我说出了它全部的秘密。

小小的菌儿神秘地告诉我，它是菌族里最小、最轻的一种，小得让我们的眼睛看得见灰尘的纷飞，却看不见它们也夹在里面飘游；轻得好几十万挂在苍蝇的脚下，苍蝇也不觉得重，因为菌儿们的身体比苍蝇的眼睛还小 1000 倍，比最小的灰尘还轻 100 倍呢！

小小的菌儿自豪地告诉我，虽然它们和蘑菇同样属于菌类，但是，它们却不像蘑菇一样被人类称作山珍，随时都有变成盘中餐的危险。虽然它们是很小很小的生物，食量却无限大，而且从不挑食，只要是可以吃的东西，它们就吃个不停，不厌其烦地清除掉世界上的一切腐物烂尸，所以赢得了“地球的清道夫”的美誉。

在乡村，它们逢花摘花，逢叶摘叶，不但像蚯蚓一样在土壤里钻来钻去，分解腐物，补充土壤的原料，还轻轻地爬上豆子那弯弯曲曲的根须，产生著名的“豆根瘤”现象，提高大豆的产量。另外，酵母菌还会帮助人们酿造出香浓的美酒，乳酸菌能制作出可口的酸牛奶。

小小的菌儿偷偷地告诉我，人类的肚肠，是它的天堂，在那儿，没有干焦冻饿的恐慌，那儿有吃不尽的食粮……菌类中也有一些专门攻击人类的病菌，它们心狠手辣，无恶不作，乘人不备溜进人类的呼吸道，让人们感染上可怕的肺炎、流行性感冒；它们偷偷地钻进人类的食道，使人们腹泻，甚至患上讨厌的盲肠炎。

人类时时刻刻都在受这些病菌的威胁，历史上曾经有无数人在它的魔爪下丧生，高士其爷爷在23岁时也遭到了它的突然袭击——由于实验发生意外感染病毒，导致了全身瘫痪，但他并不屈服，坐在轮椅上坚持为传播科学知识奋斗了六十年。

科学没有国界，世界上还有许许多多像高士其爷爷一样的科学家们在忘我地工作，他们告诉我们，细菌虽然可怕，但是，随着科学事业的发展，人类正渐渐认清了细菌的真面目，找到了它们的魔窟，及时地用消毒的手段消灭它们。比如：在人口密集的地方，发生了水灾和地震等自然灾害的现场喷洒消毒液，就能有效地预防传染病的发生；还有被运用在牛奶中的巴氏消毒技术，只需要把牛奶加热到七八十度，经过十几秒甚至几秒钟，牛奶里的结核菌、伤寒菌等怕热的微生物，就会被杀死，而乳酸菌等有益菌仍然可以存活，继续为人们服务。

“晨必盥，兼漱口。便溺回，辄净手。”这是最简便的阻挡细菌进攻的方法，只要我们做一个讲究卫生的人，坚持体育锻炼，筑起一道坚实的健康堡垒，小小的细菌也只有“望人兴叹”了！

拓展试题

一、填空题。

1.《灰尘的旅行》是由作家高士其所著写的一本关于__________的书，作者采用了__________、__________、__________的修辞手法，借__________之口向我们生动讲解了生物世界的科学知识和奇特景象。

2. 菌儿是土壤里的劳动者，大地上的清道夫，具有化解废物的作用，因为它有__________的本领，有__________的技能，又有__________的特长。它的细胞里甚至还有一件微妙的法宝——__________，其能力虽大，却受到了__________、__________等方面的限制。

二、简答题。

《灰尘的旅行》中介绍了细菌和水的关系，那么它在不同的水环境下有什么不同的生长特点呢？

____

____

____

三、下列说法有误的是（　　）。

A. 细菌们个个都穿着一层薄薄的衣服，科学的名词叫作荚膜

B. 但凡合人类胃口的食物也就合细菌们的胃口

C. 大部分的细菌都是以土壤为归宿，其中以粪土中居住的细菌最多

D. 细菌飞奔得极快，它们大多是靠自己的鞭毛进行旅行和搬家的

四、请阅读以下片段，并回答问题。

他们走进城里，看见那些细胞民众都在舞动着他们的纤毛，有的在走路，有的在吸取食物，有的在呼吸新鲜的空气。

他们看见那些纤毛摇动的形式各有不同，有的是钩来钩去的，有的是摇摇摆摆的，有的像大海中的波浪，有的像漏斗，但是纤毛细胞们的劳动都是许多纤毛集合在一起劳动的，是有统一运动方向的。

当时，纤毛细胞们的发言人对我大脑细胞代表团说：

“我们这一群纤毛细胞，世世代代都是住宿在这样的水面，有时也曾到其他动物身上去旅行，你们人类的大小肠就是我们富丽堂皇的旅馆，而我们的国家则是这水界天下。

“当我们出外游行的时候，我们常看到许多动物体内都有着和我们一模一样的纤毛细胞。

“你瞧，在你们人类的身体上，就有许多地方生长着和我们同样的纤毛细胞。

“像在你们的鼻房里，你们的咽喉管里，你们的气管道上，你们的支气管道上，你们的泪管道上，你们的泪房里，你们的生殖道上，你们的尿道上，你们的输卵管道上，你们的输精管道上，甚至你们的耳道上，甚至你们的脑房里和脊髓道上，都有纤毛细胞在守卫着，像守卫着国土一样。

“他们的工作是输送外物出境，从卵巢到子宫，卵的输送，和从子宫到输卵管，精虫的护送，也是他们的责任呀。

“这些纤毛细胞身上的纤毛，虽然非常地渺小，但是由于他们的劳动是集体的合作，由于他们的方向是一致的，所以他们能够肩负起很重的担子，根据某生理学家的估计，在每一平方千米的面积上面，他们能够举起 336 克重的东西。

“这些纤毛细胞们还有一个最大的特色，那就是他们都是人体上的自由公民，他们的劳动是自立的，不受大脑的指挥，不受神经的管制。就是把他们和人体分离出来，他们还能够暂时维持他们纤毛的活动。

“但是好像处在反动统治时期高物价的压迫下，人民受尽了饥饿的苦难，这些纤毛细胞在高温度的压迫下，他们的纤毛会变得僵硬而失去了作用。

“正如在反动统治的环境里面，许多人民不能生活下去，这些纤毛细胞在强度酸性的环境里面，也不能生存下去。”

我的大脑细胞代表团听完了这些话，就决定写一篇关于纤毛细胞的报告，并且把题目定作“民主的纤毛细胞”。

1. 纤毛细胞的形式、运动是什么样子的，又有什么规律？请用文中原文回答。

____

____

2. 作者把纤毛细胞比作什么？又有什么特点和作用？请用文中原文回答。

____

____

答 案

一、1. 生物科学　拟人　比喻　排比　细菌（菌儿）

2. 发酵　分解蛋白质　溶解脂肪　酵素　环境的温度　阳光照射（紫外线）

二、清水里，氧气充足，细菌虽饿肚皮，却能延长寿命。 浊水里，有丰富的有机物，供细菌尽情地受用。 气候暖，腐物多，细菌就很快地繁殖。 气候冷，腐物少，它也能安然地度日。 气候热，腐物不足，细菌吃得太快，生命就很短暂了。

三、D

四、1. 有的是钩来钩去的，有的是摇摇摆摆的，有的像大海中的波浪，有的像漏斗，但是纤毛细胞们的劳动都是许多纤毛集合在一起劳动的，是有统一运动方向的。

2. ①守卫者，像守卫着国土一样。

②输送外物出境，这是它们的责任。

③由于集体合作，方向一致，它们能够负担起很重的担子。

④“自由的公民”，在高温强酸的环境下僵硬、不能生存。

图书在版编目（CIP）数据

灰尘的旅行 / 高士其著. -- 武汉 : 湖北教育出版社, 2023.11
（中小学生大阅读 : 名师视频讲解版）
ISBN 978-7-5564-4699-5

Ⅰ. ①灰… Ⅱ. ①高… Ⅲ. ①细菌—青少年读物 Ⅳ. ①Q939.1-49

中国国家版本馆CIP数据核字(2023)第062784号

灰尘的旅行

出品人	方　平	视频讲解	付　蓉
责任编辑	胡　瑾	责任校对	李庆华
封面绘图	兰诗怡	责任印制	李　枫
装帧设计	张岑玥		

出版发行	长江出版传媒	430070 武汉市雄楚大道 268 号
	湖北教育出版社	430070 武汉市雄楚大道 268 号
经　销	新　华　书　店	
网　址	http://www.hbedup.com	
印　刷	武汉市新华印刷有限责任公司	
地　址	武汉市江夏区大桥新区邢远长街 18 号	
开　本	710mm×1000mm　1/16	
印　张	9.5	
字　数	160 千字	
版　次	2023 年 11 月第 1 版	
印　次	2023 年 11 月第 1 次印刷	
书　号	ISBN 978-7-5564-4699-5	
定　价	30.00 元	